哈尔滨历史文化丛书
丛书主编：李述笑　阿　成

U1019208

冰情雪韵

哈尔滨冰雪文化

杨宏伟　巩其昌
杨　斐　黎纲峰◎编

黑龙江大学出版社

图书在版编目（CIP）数据

冰情雪韵 ： 哈尔滨冰雪文化 / 杨宏伟等编. 哈尔滨 ： 黑龙江大学出版社， 2025. 6. --（哈尔滨历史文化丛书 / 李述笑，阿成主编）. -- ISBN 978-7-5686-1242-5

Ⅰ. K293.51

中国国家版本馆 CIP 数据核字第 2025ES4745 号

冰情雪韵

哈尔滨冰雪文化

BINGQING XUEYUN HAERBIN BINGXUE WENHUA

杨宏伟　巩其昌　杨　斐　黎纲峰　编

责任编辑　宋丽丽
出版发行　黑龙江大学出版社
地　　址　哈尔滨市南岗区学府三道街 36 号
印　　刷　哈尔滨市石桥印务有限公司
开　　本　720 毫米 ×1000 毫米　1/16
印　　张　13
字　　数　197 千
版　　次　2025 年 6 月第 1 版
印　　次　2025 年 6 月第 1 次印刷
书　　号　ISBN 978-7-5686-1242-5
定　　价　49.80 元

本书如有印装错误请与本社联系更换，联系电话：0451-86608666。

版权所有　侵权必究

哈尔滨历史文化丛书编委会

主　任：孙　喆

副主任：迟宝旭　王敬波　顾福林　谭乐伟

于泽明　魏　影　李述笑　阿　成

编　委（按姓氏笔画排序）：

马成宇　可文秀　刘剑刚　李　韧

杨其滨　何　泉　张永超　张建军

彭　利　韩　伟　韩士明　曾　欣

臧伟强

丛书主编：李述笑　阿　成

关于哈尔滨

关于哈尔滨，没去过的人会有某些听闻和想象；去过的人会留下某些愉快的乃至深刻的记忆；如我这样早年间离开了哈尔滨，久居外省市的人，对哈尔滨的认知已非常局限；而老一辈哈尔滨人和哈尔滨的新生代，对自己家乡的认知，差别又必然很大。

作为土生土长的哈尔滨人，我对这座城市充满感情。从塞外村镇到国际都市、从“共和国长子”到新晋顶流，哈尔滨饱经风雨、英雄辈出，历史悠久、文化多元，物华天宝、人杰地灵。濒江而生、依路而兴的人文风貌，多元交融、凸显智慧的建筑格调，美轮美奂、多姿多彩的冰雪文化，雅俗共赏、魅力非凡的音乐元素，中外荟萃、特色独具的风味美食……凡此种种让这座历史虽然不长，但却极具荣光与力量的国家历史文化名城频频火爆出圈。

有谁想较全面地了解哈尔滨这座众说纷纭的城市吗？

这样的人肯定是有的。

也许，还不少吧？

那么，哈尔滨历史文化丛书对于以上群体应该是具有吸引力的。

丛书目前共七册——《风雨华章——国家历史文化名城哈尔滨》《城市符号——哈尔滨历史城区的人文风情》《流派纷呈——哈尔滨建筑风格纵览》《华彩乐章——音乐之城哈尔滨》《冰情雪韵——哈尔滨冰雪文化》《艺彩风华——文艺名人在哈尔滨》《百年味道——哈尔滨饮食文化寻踪》。

七册书图文并茂，收印了许多珍藏的历史照片，可以说是关于哈尔滨的较全面的小百科书，既能满足了解愿望，又具有欣赏价值、收藏价值。

作为哈尔滨人，我甚为这一套丛书的出版而高兴。遵命作序，倍觉荣幸。

2025 年 6 月 8 日　北京

写在前面

众所周知，历史的丰富性不单是在于文献的表达，而且那些源自于民间的传说、传闻，甚至个人亲历的表述，也是对历史文献的一种有益的补充，在某种程度上，亦可视为对历史文献中的某些含混之处的勘正。对这种多元史料的多义性、丰富性、矛盾性的判断、研究、择取，不仅是作者要面临的难题，更是挑战。再加上历史资料占有的局限，虽然每一位作者都在追求表达的完美、完整，百分之百做到还原一座城市历史的全貌，没有遗珠之憾，可这毕竟是今人和后人永远不可能实现的梦想。毕竟汹涌澎湃的历史长河，带走了许多我们尚不掌握的、珍贵的史料。在这样的情势之下，难免挂一漏万。因此，在这里恭恭敬敬，请方家补正之。

前　言

“文化”一词在我国最早见于刘向的《说苑·指武》:“圣人之治天下也，先文德而后武力。凡武之兴，为不服也，文化不改，然后加诛。”其意为“文治教化”。

我们今天使用的“文化”一词在广义上是指人类在社会实践过程中所创造的物质财富、精神财富的总和；在狭义上是指自然科学技术和社会意识形态等人类精神产品。作为一种历史现象，文化具有历史继承性；作为社会意识形态，文化反映着一定社会政治经济的水准。

本书冠以“哈尔滨”和“冰雪”两个定语，来讲述哈尔滨冰雪文化，兼顾了地域和特定介质。

对于包括哈尔滨在内的东北区域冰雪运动的记载，有关“雪上运动”的记载最早见于《隋书·卷八十四·列传第四十九·北狄》:“南室韦北行十一日至北室韦……气候最寒，雪深没马……地多积雪，惧陷坑阱，骑木而行。”有关“冰上运动”的记载最早见于《新唐书·卷二百一十七下·列传第一百四十二下·回鹘下》:“东至木马突厥三部落……桦皮覆室，多善马，俗乘木马驰冰上，以板藉足，屈木支腋，蹴辄百步，势迅激。”

对于冰雪的艺术创作和生活化使用，哈尔滨出现的时间并不早。“堆雪狮”“赏冰灯”等都出现在宋代的中原地区和南方地区。据北宋《东京梦华录》记载，每年大雪纷飞时，都城的富户会宴请亲故，大家一起堆雪狮。宋代词作《八声甘州》中记录了当时雪地上的场景:“甚花间、儿女笑盈盈。人添雪狮成。”南宋《武林旧事》中还出现了宫廷戏雪的内容，形态各异的雪狮是人造景观的主角，宫人们会将“彩索金铃”装点在雪狮子上，此外，还会配上雪灯等，它们共同烘托着“狮子群”。关于冰灯，乾隆的《冰灯联句》和乾隆年间女词人顾太清的《浪淘沙·冰灯》对冰灯的形态进行了描绘。《黑龙江外纪》对冰灯是这样记载的：“上元，城中张灯五夜。村落妇女来观剧者，车声彻夜不绝。有镂五六尺冰为寿星灯者，中燃双炬，望之如水晶人，此为难得。”

1898 年以后，哈尔滨出现了现代冰雪运动和冰雪生活方式，把后发优势发挥得淋漓尽致。1900 年的香坊公园、1906 年左右的玉泉北极滑雪场、1907 年的道里体育场、1910 年的“札牙斯”体育场，都留下了冰雪运动的倩影。在冰封的松花江上，冰橇、爬犁成为哈尔滨独特的风景。1935 年华北冰上运动会举办时，黑龙江和哈尔滨分别组队参加比赛。

20 世纪 20 年代后期，韩孝彰、郑荣庭、李翰平等人组成“爱好者”冰球队。在党和政府的领导下，在这些人士的带动下，冰雪运动在学校、工厂、机关单位开展起来。特别是哈尔滨体育学校扩建为哈尔滨体育学院后，赴苏留学归国的孙显墀、花样滑冰冠军王樱等科学地开展教学工作，使得哈尔滨的冰雪运动水平得到质的提高，也拉动了哈尔滨体育器材厂等对冰雪装备的研发和生产。

哈尔滨冰雪造型艺术的发展稍晚于冰雪运动。1963 年的冬天，时任哈尔滨市委书记的任仲夷、时任哈尔滨市市长的吕其恩的偶然发现，打开了哈尔滨冰雪资源宝库的大门，开启了一个属于哈尔滨的冰雪造型艺术时代。第一届冰灯游园会把冰雕、雪塑与工艺美术、灯光结合起来，开启了冰雪造型艺术复合化之路。改革开放后，哈尔滨恢复举办冰灯游园会，晶莹剔透的冰灯再次照亮这座城市。

1980 年，王丽生、铁恩厚、杨世昌奔赴加拿大魁北克参加第八届国际雪雕比赛，这是我国第一次参加此类国际赛事。他们的雪雕作品《哪吒闹海》获得了“创新奖”。

1985 年，哈尔滨冰雪节的创办，将冰雪这个载体与文艺、运动、经贸、旅游、摄影等紧密地联系在一起。

1988 年，太阳岛雪博会的前身“太阳岛雪雕游园会”诞生，这使得哈尔滨的冰雪门类补齐了雪元素的短板。

1991 年，哈尔滨引进了第一台造雪机，开启了人造雪的历史，保证了雪雕的质量和耐久性，为雪雕艺术走向大型化、精细化奠定了坚实的基础。

1996年，第三届亚洲冬季运动会在哈尔滨举行，全面提升了哈尔滨的办赛能力，让哈尔滨的冰雪文化系统、全面地呈现在世界人民的面前。

1999年，哈尔滨冰雪大世界诞生，高光之下的哈尔滨让世界震撼于“玉砌个世界贺千年”的魅力。

2009年，第24届世界大学生冬季运动会在哈尔滨举行。哈尔滨再次代表中国在世界亮相，展现了冰雪文化方面的综合实力。

2022年，哈尔滨荣获“奥运冠军之城”称号，哈尔滨体育学院荣获“突出贡献集体”殊荣。

2023年至2024年冰雪季，哈尔滨成为冬季旅游的“顶流”，令世界瞩目。

2025年2月7日至14日，第九届亚洲冬季运动会在哈尔滨举办，中国“双亚冬之城”就此诞生。习近平主席在哈尔滨第九届亚洲冬季运动会开幕式欢迎宴会上的致辞中指出:“哈尔滨是中国著名的‘冰城’，是中国现代冰雪运动的发源地。来到哈尔滨，我们真切感受到‘冰天雪地也是金山银山’，冰雪文化和冰雪经济正在成为哈尔滨高质量发展的新动能和对外开放的新纽带。欢迎大家畅游这片热情洋溢、开放包容的黑土地，追寻中国式现代化足迹。”这是对哈尔滨冰雪事业的肯定和褒扬。

在冰雪的世界里，心有大美的人们把冰雪留给人类的瞬间变成永恒；身轻如风的人们在冰雪上演绎生命的极致之美。哈尔滨的冰雪文化不断发展和创新。冰雪文化的发展历程要让人们看到，让人们记住；冰雪文化的未来需要人们深省，需要人们创新。这就是《冰情雪韵——哈尔滨冰雪文化》的初衷。

巩其昌

2025年4月

目录

冰雪运动

冰雪运动的起源

冰城之滑：从 1900 年现代滑冰的倩影出现在公园到 1953 年全国冰上运动会召开

哈尔滨的冬天是美丽的，也是漫长的。

滑冰，无疑是一种特别的御寒方式。

中国现代滑冰运动在平津地区发端。1881 年，滑冰运动被正式列为北洋水师学堂体育课程教学内容。

1898 年 4 月 22 日，中东铁路总工程师 А.И. 尤格维奇发布命令，将中东铁路干线（满洲里—绥芬河）划分为 13 个工段进行施工。第 7、8、9 段为哈尔滨段（故哈尔滨街区有“八区”“九站”之称谓）。

1898 年 4 月 23 日，俄国工程师希特洛夫斯基率领特别考察队到达哈尔滨，驻在田家烧锅附近的大车店，为即将来哈尔滨的筑路工程人员安排住处。1898 年 5 月 5 日，希特洛夫斯基考察队收买田家烧锅，将其作为铁路工程局驻地（此时，田家烧锅有房 32 所，因受土匪滋扰，已停产）。

中东铁路工程师
希特洛夫斯基

1898 年 5 月 8 日，维谢洛费佐罗夫在香坊建立哈尔滨第一座俄国气象站。1898 年 7 月，中东铁路南部支线由哈尔滨至旅顺口划分为 8 个工段。哈尔滨段为第 1 工段。中东铁路干支线共划分为 21 个工段进行施工。华俄道胜银行哈尔滨分行在香坊开办。

▲ 华俄道胜银行在香坊开办的哈尔滨分行

1898 年 6 月 9 日，中东铁路工程局正式入驻香坊田家烧锅院内。1898 年 8 月 24 日，俄国人开办的鲁西阿尔商铺（理发兼售化妆品）在香坊开业（后改称“布朗士”商铺）。1898 年 12 月，中东铁路护路队扩编，从俄国阿穆尔军区抽调 250 名士兵组建一个步兵连，进驻哈尔滨。至 1899 年，哈尔滨的俄国移民已达 1.4 万人。1899 年，哈尔滨体育运动协会成立。俄侨陆续开办临时铁路俱乐部，举办室内音乐会。

俄国人在营建中东铁路工程局驻地的同时，建设了公园设施。

▼ 公园设施

1900 年冬天，现代滑冰的倩影出现在哈尔滨香坊公园（今尚志公园址）里。

1907 年 6 月 28 日，哈尔滨自行车运动协会在埠头区炮队街、药铺街、哥萨克街和商市街中间（原达尼洛夫剧场处）修建环形自行车赛车场，开始举办自行车比赛。冬季，俄国人在那里进行人工浇冰，那里成为冰雪运动的竞技场。

▲ 哈尔滨自行车运动协会赛场

▲ 哈尔滨自行车运动协会赛场冬季冰场

1909 年，哈尔滨网球和速滑协会成立。

1910 年，秦家岗尼古拉教堂附近（今南岗体育场）修建了“札牙斯”（音译）滑冰场。滑冰场已初步具有现代商业型的经营方式。人们需要买票参加活动，滑冰场里面设有休息室、更衣室、小卖部等。在冰上活动期间，滑冰场会播放音乐。天黑后，滑冰场有灯光照明。逢年过节时，滑冰场还举办冰上化装晚会，吸引大批中外滑冰者参加活动。

▲ “札牙斯”滑冰场

▲ 秋林公司在 20 世纪 20 年代出售滑冰鞋的广告

▲ 秋林公司出售滑冰鞋和冰上运动用品的广告

俄侨的生活方式和体育运动深刻地影响着生活在这片土地上的中国人。1924 年 8 月，北满国际体育运动会在道里体育场举办。20 世纪 20 年代，秋林公司出售滑冰鞋和冰上运动用品的广告是新颖别致的。

▲《边界》杂志 1931 年 2 月第 8 期的封面

▲ 哈尔滨工业大学溜冰场

创刊于 1926 年 8 月 22 日的《边界》杂志，在 1931 年 2 月第 8 期的封面上印上了富有童趣的滑冰图画。

1934 年 2 月 13 日,《大北新报画刊》报道了当时哈尔滨工业大学学生滑冰的趣事。

1935 年举办的华北冰上运动会上出现了黑龙江队、哈尔滨冰球队的身影。

1932 年，哈尔滨成立了冰上竞技协会，并相继成立了多个冰上协会支部，将滑冰和冰球列为提倡开展的体育项目。各个学校开展滑冰教学，滑冰运动得到进一步普及。1936 年以后，参加花样滑冰的中国人日渐增多。1935 年至 1941 年，哈尔滨共举办了 10 次滑冰比赛大会。

1946 年 4 月 28 日，哈尔滨获得解放。1953 年 2 月，首届全国冰上运动会在哈尔滨举行，代表东北区的哈尔滨速滑运动员柳玉会、林振坤在 1500 米和 3000 米速度滑冰比赛中，分别以 2 分 59 秒 56 和 6 分 5 秒的成绩，夺得 2 块金牌，在全国冰上运动会上第一次为哈尔滨赢得荣誉。

哈尔滨从此开启了新的滑冰征程。

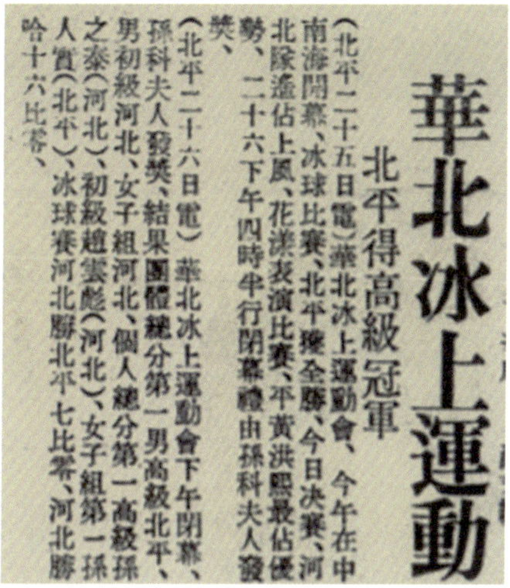

華北冰上運動

北平得高級冠軍

(北平二十五日電)華北冰上運動會、今午在中南海開幕、冰球比賽、北平獲全勝、今日決賽、河北隊遙佔上風、花樣表演比賽、平黃洪熙最佔優勢、二十六下午四時半行閉幕禮由孫科夫人發獎、

(北平二十六日電) 華北冰上運動會下午閉幕、孫科夫人發獎、結果團體總分第一男高級北平、男初級河北、女子組河北、個人總分第一高級孫之泰(河北)、初級趙雲彪(河北)、女子組第一孫人賓(北平)、冰球賽河北勝北平七比零、河北勝哈十六比零、

▲ 华北冰上运动会的报道

▲ 华北冰上运动会海报

▲ 松花江畔举行滑冰比赛

▲ 室内滑冰场

▲ （首届）全国冰上运动大会秩序册

▲ 林振坤

▲ （首届）全国冰上运动大会全景

玉泉北极：中国最早的现代滑雪场

玉泉国际狩猎场距哈尔滨市区约 55 公里，距亚布力滑雪场 150 公里。玉泉国际狩猎场有 17 座山峰绵延环绕，最高峰海拔 517 米。森林覆盖率达 80%。玉泉国际狩猎场拥有良好的狩猎资源、独具特色的冰雪资源、优越的森林资源、丰富的民俗文化资源和类型多样的物产资源。那里春季花香蝶舞，夏季草长莺飞，秋季五彩斑斓，冬季群峰皑皑。

其北山建有滑雪场，名为北极滑雪场。滑雪场有五条滑雪道：一号道是旅游滑雪道；二号道是竞技滑雪道；三号道是越野滑雪道；四号道是高山滑雪道；五号道是初级滑雪道。其中四条滑雪道在山顶相互贯通，有的陡峭，有的平缓，这就为不同的滑雪者提供了选择的余地。滑雪者绕山而下，有峰回路转之感，尽情领略北国风光的壮美。

关于这座滑雪场的始建时间，有两种说法：第一种说法认为这座滑雪场于 1906 年由中东铁路局所建；第二种说法认为这座滑雪场于 1933 年建成使用。据《黑龙江省志·体育志》记载，“1896 年，随着中东铁路的修建，一批俄国铁路员工进入黑龙江地区。由于中东铁路局设在哈尔滨，铁路当局在阿城县玉泉镇北山修建了一处滑雪场。1917 年俄国十月革命成功后，大批白俄来到哈尔滨，其中也不乏滑雪爱好者。当时，在玉泉滑雪场滑雪的多为俄国员工和白俄侨民，中国人很少参加”。

由于当时滑雪场依靠自然雪，建设滑雪场必须具备山形山势条件、降雪条件、交通条件等。阿城有山，降雪量大，附近有火车站，且与中心城市哈尔滨距离较近，具备建设滑雪场的基础条件。玉泉北极滑雪场是目前已知最早的滑雪场。

▲ 冬季的玉泉国际狩猎场

▲ 玉泉北极滑雪场今貌

第一种说法的依据是《阿城县志》，辅证为《俄罗斯生活》于 2021 年 5 月 29 日刊载的《弗拉基米尔·佩特罗维奇·海斯坎南·贝斯特兄弟》一文。该文写道，海斯坎南的藏品中保存着 1925 年 7 月 12 日哈尔滨出版的《黎明报》，其中一篇文章说，在中东铁路二层甸子站，俄侨冬季在那里滑雪，夏季在湖边度假。度假村因客流量大，考虑到安全问题，被迫临时关闭。

1897年，中东铁路勘测队第五班来到玉泉附近，被那里的景色吸引，决定在那里设置车站。在建车站时，俄国人把河套修成一个椭圆形的人工湖，还在人工湖北岸建起一幢欧式大楼，即中东铁路二层甸子疗养院，内设餐厅、舞厅和旅馆。这幢欧式大楼的外墙被涂成白色，俗称“大白楼”。每逢盛夏时节，哈尔滨向此开行旅游列车，一时间，游人如织，那里成为中东铁路东部线的旅游胜地。至于“大白楼”的消失，史料也有记载。据《阿城县志》记载，九一八事变后，“大白楼”被俄国业主付之一炬，人工河、园林和玻璃井也渐渐荒芜起来。

中东铁路二层甸子疗养院

“大白楼”

“大白楼”前的人工湖

▲ 玉泉滑雪，阿布拉姆斯基·弗拉基米尔·帕夫洛维奇拍摄

▲ 玉泉北极滑雪场服务用房

▲ 在北极滑雪场滑雪的人们

▲ 俄国侨民阿布拉姆斯基·弗拉基米尔·帕夫洛维奇是 1939 年哈尔滨双人花样滑冰冠军

▲ 常驻玉泉北极滑雪场的队员自己动手制作滑雪板

阿布拉姆斯基·弗拉基米尔·帕夫洛维奇拍摄于 1930 年、刊登在 1943 年出版的杂志封面上的照片中那座尖顶的、风格独特的俄式滑雪场服务用房已经成为玉泉北极滑雪场的象征。

关于第二种说法，早在中东铁路时期，侨居哈尔滨的俄国人便到玉

▲ 20 世纪 80 年代在玉泉北极滑雪场集训的滑雪队伍（背后可见尖顶的滑雪场服务用房）

▲ 20 世纪 80 年代的玉泉北极滑雪场

泉滑雪。1933 年辟建正式滑雪场，在山脚下建起一座具有北欧建筑风格的木屋，该木屋用于办公和运动员休息。1940 年至 1943 年，滑雪比赛大会均在此举行，哈尔滨、齐齐哈尔、牡丹江等地有队参加，其成员多为铁路系统的日本人。我们从许多旧照片、明信片上可见当年比赛的情景。1945 年日本投降，滑雪场的滑雪用具被溃逃的日本人焚烧殆尽。

新中国成立后，1951 年，火车头体育协会接管了滑雪场，投资修缮房舍，购置滑雪用具，组织铁路职工到滑雪场滑雪。1954 年，黑龙江省体育运动委员会接管滑雪场，新建办公室、宿舍、食堂与器材库。1958 年 2 月，黑龙江省首届滑雪比赛在此举行，哈尔滨、佳木斯等 7 个代表队的 43 名运动员参加了比赛。

长年驻扎在北极滑雪场的阿城区滑雪重点体校和业余体校累计向上级单位输送上千名运动员，培养了蔡雪桐、张可欣等众多体育人才。其中，仅蔡雪桐一人就获得各类世界级奖项 40 余个。在 2022 年北京冬季奥运会上，从这里走出去的蔡雪桐、张可欣等 7 名运动员参赛，还有 15 名教练、教师担任北京冬季奥运会技术官员。由于培养了众多冰雪项目运动员，阿城区滑雪重点体校被黑龙江省体育局确定为“黑龙江省体育后备人才基地”和“黑龙江省高水平体育后备人才基地”，2017 年被国家体育总局确定为“国家高水平体育后备人才基地”。

玉泉北极滑雪场，已经成为中国滑雪运动的摇篮。

◀ 玉泉北极滑雪场那座尖顶的房子静静地沐浴在大雪中

◀ 阿城区滑雪重点体校大门

◀ 玉泉北极滑雪场大门

波兰之家：见证哈尔滨冰球的成长

速度滑冰和冰球运动同属于冰上项目，冰球运动率先在开埠较早的京津地区出现。1905 年，天津进行了第一场冰球比赛，并设立了冰球俱乐部。1906 年，北京（时称北平）设立冰球俱乐部。自此，北京、天津两地开始共同举办冰球比赛。其中，最为出名的当属京津埠际冰球赛。北京

▲ 1928 年，清华大学与燕京大学的冰球比赛

▲ 侨民早期在道里体育场开展冰球运动

► 20 世纪二三十年代哈尔滨工业大学学生在操场上进行冰球比赛

▲ 哈尔滨波兰冰球队

当年的冰球队主要有燕京大学冰球队、清华大学冰球队、北京大学冰球队、辅仁大学冰球队、师范大学冰球队。天津以基督教青年会冰球队和南开大学冰球队为主。当年南开大学冰球队的名称十分显赫，是金刚。天津其余冰球队的名称还有白熊、寒霜、华光、北华、耀华、扶轮、寒鹰、魔鬼等。

据《黑龙江省志·体育志》记载，“黑龙江地区的冰球运动于 20 世纪初最早在哈尔滨出现。当时居住在哈尔滨的俄国人组建有‘滑冰协会’，并有冰球活动”。

哈尔滨波兰侨民安图舍维奇

20 世纪 20 年代后期，韩孝彰、郑荣庭、李翰平等人组成“爱好者”冰球队。

1934 年以前，东北地区冰球运动开展得最为广泛的地区是奉天和大连，然后是安东和旅顺。从 1935 年开始，随着哈尔滨冰球运动的兴起，中心出现了转移，1937 年至 1943 年是哈尔滨冰球运动的鼎盛时期。哈尔滨俄侨事务局、哈尔滨工业大学、哈尔滨铁道学院等都有冰球队，其成员多为俄国人和日本人，中国人能参加的甚少。哈尔滨的波兰侨民组建了冰球队，冰球队多次获得东三省冰球比赛冠军。

1935 年，华北运动会在北平举行，设冰球比赛，哈尔滨组建冰球队参赛。北平队以七比零的分数大胜哈尔滨队，但不敌实力更强的河北队。哈尔滨队之所以未获佳绩，主要是因为东北被日寇占领后，选手们流落在北平，缺乏练习。

《玲珑》杂志刊登的“第十九届华北运动会冰上运动表演全体人员合影”（1935 年摄）

▲ 20 世纪 50 年代的哈尔滨冰球队

▲ 冰球比赛

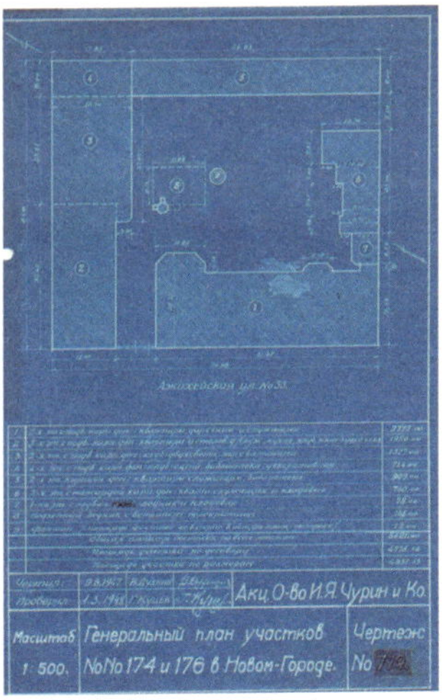

▲ 秋林公司俱乐部蓝图

1946 年哈尔滨解放后，火车头体育俱乐部、秋林公司俱乐部和红星体育俱乐部三个俱乐部的冰球队，经常在道里商务俱乐部、道里体育场、南岗体育场等处进行训练和比赛，参观者甚多。这给寒冷的冬季带来了一股暖流。

1949 年，哈尔滨第一中学、第六中学的学生与哈尔滨制革制鞋厂、哈尔滨毛织厂、秋林公司的职工组建“雪冰”冰球队。1953 年，在首届全国冰上运动会上，东北区冰球代表队荣获全国冠军。这激发了哈尔滨市发展冰球运动的热情。1954 年，哈尔滨市有职工冰球队 20 多个、学校冰球队 100 多个。冰球，在冰城呈现出遍地开花之势。

冰上芭蕾：从化妆滑冰到花样滑冰

花样滑冰经历了漫长的探索历程。1838 年,《冬季的消遣和花样滑冰》一书出版。1860 年，纽约俱乐部成立，美国花样滑冰爱好者杰克逊·海因斯首次将花样滑冰技巧动作与优美的华尔兹舞曲相配合进行表演。1868 年，杰克逊·海因斯到欧洲进行了首次表演，他的配乐舞蹈的艺术表现力给维也纳、布达佩斯、柏林、彼得堡等地的观众留下了深刻的印象。他突破了滑“8”字的传统形式，开辟了近代花样滑冰新技术，在花样滑冰史上做出了巨大贡献。1887 年，俄国彼得堡举行了首次花样滑冰的国际比赛。1892 年，荷兰召开了第一次各国滑冰协会代表的联席会议，制定了竞赛规则，决定成立国际滑冰联合会，简称国际滑联。这开启了花样滑冰的新篇章。

哈尔滨的花样滑冰经历了漫长的发展过程。《黑龙江省志·体育志》记载道:“近代花样滑冰运动是随着中东铁路的修建，于 20 世纪初，由俄国人传入黑龙江地区的。1920—1930 年间，在哈尔滨和齐齐哈尔两城市的学校中出现花样滑冰运动。”1931 年 3 月 5 日，沈阳出版的《大亚画报》记载道，1931 年 3 月 1 日，在汉卿教育基金董事会小河沿滑冰场，沈阳举行第二次化妆滑冰赛会。沈阳已开始盛行化妆滑冰。

▲ 杰克逊·海因斯

▲ 1868 年，美国的丹尼尔·梅伊和乔治·梅伊首次表演了双人滑

▲ 沈阳第二次化妆滑冰赛会

▲ 1939 年哈尔滨双人花样滑冰冠军、俄侨阿布拉姆斯基·弗拉基米尔·帕夫洛维奇，女士是 A. 罗科托娃

▲ 全国女子花样滑冰冠军李建华做自由滑表演

在伪满时期，哈尔滨曾举办日侨、俄侨参加的花样滑冰比赛。如 1941 年 2 月，哈尔滨举行了“全满都市对抗型滑竞技大会”（型滑即花样滑冰），男子冠军为俄侨阿布拉姆斯基·弗拉基米尔·帕夫洛维奇。

新中国成立初期，哈尔滨的花样滑冰进入快速发展期。为了迎接 1953 年首届全国冰上运动会的召开，哈尔滨于 1952 年 12 月举行了全市冰上运动会，其中有花样滑冰比赛项目。在全市冰上运动会后，哈尔滨选出男队员陶德魁、伊本德、韩辉、范会庆，选出女队员李建华、金声琴、王樱、白惠敏。1953 年 2 月 15 日至 19 日，他们参加了首届全国冰上运动会花样滑冰比赛。李建华获得女子花样滑冰第二名。此次花样滑冰比赛的 5 名裁判员中有 4 名是哈尔滨人，裁判长是哈尔滨工业大学体育教授蒋桐森。

首届全国冰上运动会的圆满成功，掀开了哈尔滨花样滑冰新的一页。

冰雪运动的发展

吹响号角：首届全国冰上运动会

1949年10月27日，中华全国体育总会筹备委员会在北京成立（后改称中华全国体育总会第一届全国代表大会）。大会推选冯文彬为主任，马约翰、吴蕴瑞、徐英超、荣高棠为副主任，秘书长由荣高棠兼任。中华全国体育总会筹备委员会的主要职责是：对外代表中国奥委会，与国际体育组织保持联系，举办或代表中国参加国际性体育比赛活动；对内负责举办全国性的体育比赛，指导全国的体育运动工作。1952年6月20日至24日，中华全国体育总会在北京举行成立大会。毛泽东、朱德为成立大会作了重要题词。毛泽东的题词是“发展体育运动，增强人民体质”。朱德的题词是“普及人民体育运动，为生产和国防服务”。

中华全国体育总会筹备委员会于1951年1月发出了“关于1951年下半年至1952年开展体育运动的计划大纲”，大纲要求1952年12月东北、华北及有条件的地区可分别举行冰上运动比赛和滑雪表演。同年10月，团中央发出“关于青年团组织参加1951年冬季体育运动工作的指示”，指示要求冬季体育运动以冰上运动为主项。在中华全国体育总会和团中央的号召下，东北、华北不少省市和地区的各级冰上运动会逐步举办起来。冬季运动在北方地区得到迅速开展。在哈尔滨、长春、齐齐哈尔等城市，几乎所有的中小学都在冬季浇筑冰场，将滑冰列为冬季体育课程。不少工厂和机关还组建了自己的冰球队。

▼ 冰球队

1952 年冬，哈尔滨市人民政府对体育场进行大规模扩建。1953 年 1 月，在体育场东面建成 100 米长木制结构的主席台和看台。体育场在修建后交付使用，被正式命名为哈尔滨市人民体育场。

1953 年，哈尔滨举办了首届全国冰上运动会。这次运动会由中央人民政府体育运动委员会、中华全国体育总会主办。开幕式现场气温达零下 30 度，但是严寒并没有阻挡人们观赛的热情，看台上挤满了观众。看台是木制的，由于建成不久，体育场还散发着松木的香味。体育场四周是速度滑冰的赛道，赛道中央是冰球和花样滑冰比赛的场地。会场中央悬挂着“锻炼身体、建设祖国、保卫祖国”的大幅标语。

参加比赛的队伍来自东北区、华北区、西北区、中国人民解放军及火车头体育协会，内蒙古选派了 7 名运动员参加了比赛，因此，共有 6 支队伍参加了比赛。首届全国冰上运动会开幕式于 1953 年 2 月 15 日上午正式开

▲ 哈尔滨市人民体育场全景

▲ 首届全国冰上运动会开幕式场景

▲ 1953 年首届全国冰上运动会东北区冰球队合影

始。大会筹委会主任委员车向忱在开幕式上致辞，并指出滑冰运动既能使人们的身体得到全面锻炼，又能培养人们的坚强意志和机警、勇敢的性格。开幕式结束后，华北区选手沈里修和东北区选手田继陈进行了献礼表演。

在首届全国冰上运动会的冰球项目中，中国第一代冰球名将王应辅也在其中。为了组建华北区代表队，1953 年年初，北京什刹海冰场举办了华北区冰球队选拔赛，北京、天津两支队伍交锋。经过激烈的比拼，北京队最终获胜，王应辅与冯冀柏、关润延、许传明、庞知忠、侯致华等多数北京队成员顺理成章地入选华北队。华北队的其他成员中有大家熟知的袁家华等，也有来自天津的李宝华等冰球选手。东北队中有两位俄裔运动员，人称“大修”和“二修”（修福喜和修福禄），两人技术全面、配合默契。当时，冰球为男子比赛项目，采取单循环赛制，最终，东北队以 8∶5 战胜华北队，获得冠军。

首届全国冰上运动会吹响了哈尔滨乃至全国开展冰上运动的号角。哈尔滨迈出了坚实的一步，积累了训练、办赛、裁判、记录数据等方面的宝贵经验。这也是黑龙江省在国家进入和平建设时期开展的第一次大规模冰上体育赛事，成为黑龙江省冰上体育运动的开端。

此后，全国冰上运动会作为包含速度滑冰、花样滑冰和冰球项目在内的综合性冰上运动会举办了很多届。1955 年，第二届全国冰上运动会仍然在哈尔滨举行。苏联速滑队应邀来访，他们不但对我国运动员进行了

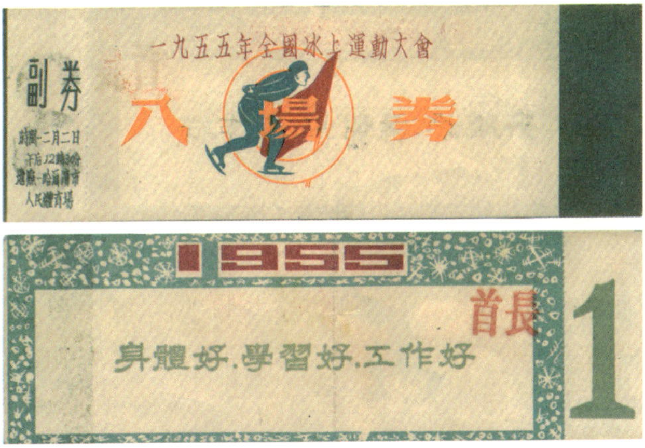

◀ 1955 年全国冰上运动会入场券

▼ 1956 年全国冰上运动会开幕式上运动员入场

指导，还进行了表演赛。他们的指导对我国速滑项目的发展起到了重要作用。乘着这股劲头，1956 年、1957 年，我国又连续举办了两届全国冰上运动会。其中，1956 年第三届全国冰上运动会在长春举办，1957 年第四届全国冰上运动会在齐齐哈尔举办。自 1959 年起，包含冰上项目和雪上项目的全国冬季运动会开始举办。全国性的冰上运动会在 1960 年全国冰上运动会（在吉林市举办）后停办，取而代之的是一些全国性的冰上项目锦标赛。1966 年，冰上运动受到了严重影响，各级冰上项目比赛停止举办。1973 年，全国冰上运动会恢复举办。我国于 1973 年、1974 年、1977 年举办了三届全国冰上运动会。

冰雪摇篮：从体育师资短训班到哈尔滨体育学院

新中国成立之前，哈尔滨没有培养体育师资的专业学校。1931 年，东省特别区美术专科学校开设体育专修科。后来，该校改建为东省特别区师范专科学校，设置体育科。新中国成立伊始，百废待兴。体育事业的发展需要充实师资力量，普及包含冰雪运动在内的体育活动。

▲ 松江师范专科学校

1949 年，哈尔滨行知师范学校开办体育师资短训班，学员 25 名，一年毕业。

1952 年和 1953 年，松江师范专科学校招收两届一年制体育专科生，共计 60 名。

在当时经济拮据的情况下，业余体校应运而生。

1955 年，黑龙江省第一所青少年业余体育学校——哈尔滨市冰上运动业余体育学校诞生。该校设花样滑冰、速度滑冰和冰球三个项目，招收学员 160 名。黑龙江省体委拨给专、兼职教练员补助经费 800 至 1000 元。截至 1961 年，省内重点业余体校增至 31 所。1963 年，省内各业余体校输送了 98 名后备人才。

经过“一五”计划的建设，我国到处呈现出欣欣向荣的面貌。哈尔滨体育事业迎来了新的里程碑。

1956 年，哈尔滨体育学校成立，苏炳文兼任校长，刘斌为第一副校长，王荫为教学副校长。其任务是培养具有一定的科学知识和理论水平的初级中学体育教师，以及运动员和教练员。学生在完成学业后需具有教学能力，具有组织领导运动竞赛的能力，具有裁判能力。

哈尔滨体育学校在兴办两年后，于 1958 年扩建为哈尔滨体育学院。时任黑龙江省体委副主任的万思元兼任党委书记、院长。学院设本科和中专科。本科分设体育系和运动系。运动系招收速度滑冰、花样滑冰、冰

▲ 哈尔滨体育学校建校典礼

哈尔滨体育学院冰雪教研室所编的《速度滑冰讲义》

球、篮球和田径五个专业的学生。全院设 9 个教研组，进行科学训练，学习与借鉴世界体育尤其是冰雪体育的先进经验，指导实际教学。哈尔滨师范学院体育系于 1963 年并入哈尔滨体育学院。王昭文任副院长。

从 1958 年到 1966 年 5 月，哈尔滨体育学院共培养本科生 563 人，专科生 65 人，中专生 752 人，预科生 82 人，速师班毕业生 75 人，共 1537 人。同时，哈尔滨体育学院还培养出各个项目的教练员、裁判员、运动健将和一级运动员近百名。这不但充实了教师队伍，为提高全民素质、普及科学体育运动打下了基础，而且为我国体育走向世界奠定了基础。罗致焕、王金玉等一批世界级优秀冰雪运动人才涌现出来。他们在全省乃至全国各行各业中从事体育工作，为我国体育事业的发展挥洒了青春热血，为提高我国的国际地位做出了贡献。

冰雪基地：哈尔滨冰上训练基地与亚布力滑雪场

随着改革开放的全面展开，体育事业迎来了春天。

哈尔滨冰上训练基地主要由四组建筑物构成。一是速度滑冰场。速度滑冰场是人工制冷滑冰场，是标准的比赛场地。速度滑冰场东端弯道底下有休息室等。速度滑冰场比赛终点的外侧建有裁判房，内部装有国产速度滑冰自动指挥仪。二是滑冰馆。滑冰馆有人工制冷冰球场，可用于冰球和花样滑冰比赛，球场周围有看台，看台下是休息室等服务性房间。三是附属场地，包括身体训练房、球场及兼作水池的室外游泳池。四是运动员接待站。运动员接待站是一栋 6 层建筑。

这里有全国第一处人工制冷速滑场，也有全国第一座专用滑冰馆。滑冰馆内设有现代人工制冷设备、电子计时设备和通信设备。这里不仅是无数冰雪运动少年追逐梦想的起点，而且是中国冰雪项目的“造梦工厂”。

▲ 黑龙江冰上运动场

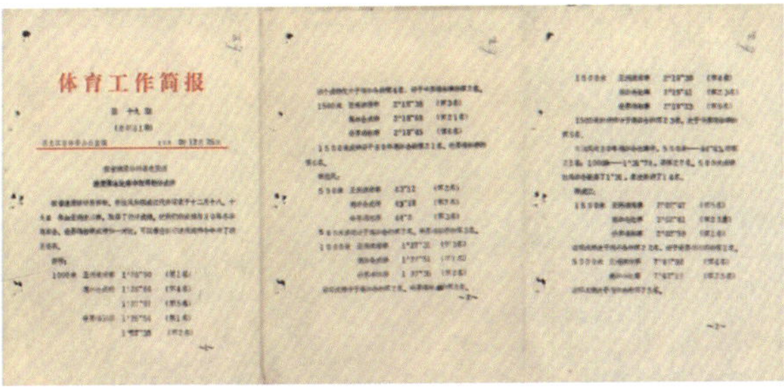

体育工作简报

◀ 黑龙江省体委办公室 1980 年体育工作简报第十九期（总第 81 期）：黑龙江省速滑运动员在亚洲速度滑冰比赛中取得较好成绩

迄至哈尔滨第 24 届世界大学生冬季运动会召开，哈尔滨已经具有 6 个比赛场馆和 2 个训练场馆。哈尔滨冰上训练基地有一个省速滑馆、一个省滑冰馆和一个训练馆。哈尔滨八区体育中心有一个冰球馆、一个训练馆。哈尔滨体育学院滑冰馆和哈尔滨理工大学滑冰馆先后竣工。还有作为第 24 届世界大学生冬季运动会主会场的哈尔滨国际会展中心体育馆。哈尔滨成为我国拥有滑冰馆最多的城市之一。

在滑雪方面，场地条件是发展滑雪运动不可或缺的先天条件。自1979年以来，阿城、尚志等地修建了滑雪场。其中，尚志境内的亚布力滑雪场是我国设施最先进的滑雪场。

亚布力纬度较高，它东临太平洋，又位于地球上最大的陆地——欧亚大陆的东部，因此形成了独特的中温带大陆性季风气候。亚布力年平均气温 2℃—10℃。积雪期为 170 天左右（11 月—4 月）。世界旅游组织官员、法国滑雪场规划专家让·皮埃尔先生曾说，亚布力具有丰富的雪资源和生态环境资源，是中国建设滑雪场最好的地方。

亚布力滑雪场地处长白山系支脉张广才岭的大锅盔山、二锅盔山和三锅盔山所环绕的广阔腹地。

1974 年，为了开展冰雪运动训练，原黑龙江省松花江地区开始建设滑雪场。1980 年，为了适应冰雪运动的迅猛发展，经过综合评估，亚布力被选为省级冰雪运动基地和国家级冰雪运动基地。亚布力滑雪场自建设以来，承办了第五届、第七届、第十届全国冬季运动会，以及第四届亚洲少年高山滑雪锦标赛、第三届亚洲冬季运动会等国内和国际滑雪比赛。2009 年，哈尔滨以亚布力为基地成功举办了第 24 届世界大学生冬季运动会。2016 年，亚布力滑雪场承办了世界单板滑雪锦标赛。

▼ 1974 年尚志业余体校滑雪班学员在滑雪场进行越野滑雪训练

▲ 我国首座滑雪场火车站——亚布力南站

▲ 亚布力跳台滑雪场地

亚布力滑雪场已经发展成中国最大、功能最全的综合性滑雪场，有高速公路和铁路与哈尔滨市区相连接。在第24届世界大学生冬季运动会中，除单板滑雪和冬季两项以外，所有雪上项目（高山滑雪、越野滑雪、跳台滑雪、北欧两项和自由式滑雪）的比赛均在亚布力滑雪场进行。

亚布力滑雪场基础设施建设项目中投资最多、施工难度最大的是苇亚（苇河至亚布力）铁路工程，线路全长 24.24 公里。该工程于 2007 年 4 月 15 日开工，于 12 月 1 日进入试运行期，用时不过 8 个月，使哈尔滨至亚布力南站全线贯通。哈尔滨至亚布力南站的铁路专线的正式开通，使亚布力滑雪场成为我国绝无仅有的“自带火车”的滑雪胜地。另外，亚布力还拓宽了通往亚布力滑雪场 20.6 公里的公路，新建了赛区内 8 公里的道路，修建了直升机停机坪。贯通哈尔滨市、帽儿山、亚布力的公路、铁路、航空立体交通网形成。

亚布力滑雪场新建了 K125 跳台滑雪场。据介绍，这个场地总占地面积为 2.76 万平方米。其建设内容包括以下六个方面：一是长 120 米、宽 7 米、坡度为 31 至 33 度的助滑道；二是长 120 米、宽 25 米、坡度为 8 至 38 度的钢架结构的着陆坡；三是长 81 米、宽 31 至 33 米的钢混结构过渡区；四是总建筑面积 150 平方米、5 层钢混结构的裁判塔；五是面积为 40 平方米的钢混结构教练台；六是建筑面积为 260 平方米、钢混结构的运动员休息室和器材修整室。这个新建场地的主要技术参数如下：助滑道坡度为 31 度，着陆坡 K 点坡度为 37 度，停止区长度为 120 米。这些数据完全符合国际雪联技术规定，滑雪场可进行北欧两项（越野滑雪、跳台滑雪）比赛。

2025 年 2 月 7 日，万众瞩目的第九届亚洲冬季运动会在哈尔滨正式开幕。这是继北京冬奥会后中国举办的又一重大综合性国际冰雪盛会。第九届亚洲冬季运动会以“冰雪同梦，亚洲同心”为主题，共设 6 个大项、11 个分项、64 个小项，共有来自亚洲 34 个国家和地区的 1270 余名运动员报名参赛。第九届亚洲冬季运动会的比赛场馆分布在哈尔滨和亚布力两个赛区。其中，哈尔滨赛区以冰上项目为主，亚布力赛区则成为雪上项目的竞赛舞台。

亚布力赛区再次迎来了自己的高光时刻。亚布力赛区有高山滑雪、越野滑雪、冬季两项等 8 个雪上竞赛场地。亚布力赛区顺利完成赛事的筹备、准备工作，顺利保障各项赛事正常举行。8 个雪上竞赛场地的设施达到了国际雪联标准，各类设施、设备、器材配备齐全。

▲ 修缮一新的亚布力南站

▲ 以“雪浪银花，素裹峰峦”为设计主题的亚布力西站

亚布力通过全国冰上运动会、亚冬会、大冬会及各项世界级专业赛事的成功举办，不断加大开发建设的力度，不断提高在国际、国内的影响力。亚布力成为我国冰雪对外开放的大平台。作为中国企业家论坛的永久会址，亚布力将冰雪文化与企业家创新精神融合起来，不断发展旅游产业。亚布力滑雪场正成长为世界级滑雪旅游度假综合体。

赛事砥砺：第一届全国冬季运动会

全国冬季运动会是我国规模最大、级别最高的冰雪项目综合性体育赛会。第一届全国冬季运动会于 1959 年 2 月在哈尔滨市和吉林市举行，此

▲ 第一届全国冬季运动会开幕式

后基本上是每四年举办一次。其中，冰上项目在哈尔滨市举行，雪上项目在吉林市举行。

黑龙江省对第一届全国冬季运动会在哈尔滨举行非常重视。组织委员会主任委员由时任黑龙江省委书记、副省长的王一伦担任，副主任委员由时任国家体委运动竞赛司司长的李梦华担任。时任黑龙江省委第一书记的欧阳钦、时任黑龙江省省长的李范五及时任哈尔滨市委第一书记的任仲夷出席了开幕式，李范五出席了闭幕式，并进行了颁奖。

竞赛项目有速度滑冰（含 20 小项）、花样滑冰（含 2 小项）、冰球（1 项）、高山滑雪（含 8 小项）、越野滑雪（含 9 小项）共 5 个大项 40 个小项。每

▲ 奖牌

▲ 纪念品景泰蓝盘

▲ 1959 年全国冬季运动会颁奖

项均设团体分。速度滑冰和滑雪项目设成年组、少年组。参加比赛的代表队来自北京市、辽宁省、吉林省、黑龙江省、河北省、山西省、陕西省、青海省、内蒙古自治区、宁夏回族自治区、新疆维吾尔自治区和解放军，共 12 个，运动员共 474 名。其中，参加滑雪项目的有内蒙古、吉林、黑龙江、新疆、解放军 5 个代表队 122 名运动员（其中少年运动员 42 人）。获第一届全国冬季运动会团体总分前四名的代表队是黑龙江、吉林、内蒙古、解放军。黑龙江获速度滑冰、花样滑冰、冰球 3 项团体分第一名，滑雪团体分第二名。吉林获速度滑冰、冰球团体分第二名，滑雪团体分第一名，花样滑冰团体分第三名。内蒙古获速度滑冰、滑雪团体分第三名。

冰雪运动的繁荣

冰雪运动的普及

20 世纪初期，随着中东铁路的修建，大批俄国侨民和其他国家的侨民来到哈尔滨。道里体育场和南岗“札牙斯”滑冰场的开放，为哈尔滨近代冰雪运动的普及提供了可能。

1935 年，哈尔滨选手郑亚兰获得滑冰大会女子 500 米第一名，哈尔滨选手董跃廷获得男子 5000 米第一名。1937 年，哈尔滨举办了“全市滑冰选手权大会”。在这一时期，哈尔滨铁路局、哈尔滨工业大学、哈尔滨医科大学、哈尔滨铁路学院、南岗第十七小学等都浇筑自用冰场。其中，南岗第十七小学浇筑的滑冰场有 600 多平方米，体育教师郑荣庭带领学生开展冰上体育活动。

1945 年抗日战争胜利后，尤其是 1946 年哈尔滨解放后，冰雪运动在哈尔滨广泛开展起来。1948 年，哈尔滨市青年团在青年俱乐部浇筑冰场，举行速滑比赛，参赛者有学生和职工。1949 年，哈尔滨市举行第一届速滑比赛。

▲ 哈尔滨工业大学冰球队

▲ 哈尔滨医科大学冰球场

新中国成立初期，原黑龙江省和松江省体委都把冰雪项目定为重点，要求省内有条件的大、中、小学校浇筑冰场，制作简易冰刀，开展冰上运动。各级学校将冰上运动作为冬季体育教学内容，将其纳入教学计划，并开展了冰雪课外活动。哈尔滨市部分有条件的中小学均开设了冰上课程。原黑龙江省和松江省分别举行以县为单位的冰上运动大会。优秀运动员许明淑、柳明淑被调入东北冰上集训队，后被调入“哈尔滨市冰上运动训练班”。这大大激发了全市人民参加冰上运动的热情，冰雪运动得到进一步发展。

1955 年，国家体委、教育部、卫生部联合发出在全国推行“劳卫制”的通知后，黑龙江省体委会同黑龙江省教育厅确定把速度滑冰列为冬季体育课程，并将其列为重点达标项目。哈尔滨市各级学校和部分工厂、企业共浇筑冰场 197 处，共建立 618 个冰上运动队，运动员达 9176 人。松江五金厂赶制出 4500 副冰刀，冰刀一售而空。每天到南岗体育场参加滑冰

1959 年，黑龙江运动员参加世界速滑锦标赛时留影

运动的群众达 1000 人次以上。全市掀起了冰上运动的高潮。1959 年冬，哈尔滨市决定开展“60 万人冰上活动月”活动，并召开全市冬季体育锻炼誓师大会。时任哈尔滨市委书记的郑依平在讲话中提出，要使哈尔滨成为一个名副其实的“冰上运动之城”。由于参加冰上活动的人数多，冰场多，“冰上运动之城”的美誉在全国流传开来。

专业运动的突破

1953 年，哈尔滨市首先建立“冰上运动培训班”。1954 年，“冰上运动培训班”改建为“哈尔滨市冰上运动训练班”。“哈尔滨市冰上运动训练班”设有速度滑冰等三个队，有 34 名队员，后从东北体育学院竞技指导科调来 8 名具有冰上运动技术专长的运动员。其中，林振坤在首届全国冰上运动会上获得全能冠军。1959 年，杨菊成在挪威奥斯陆举行的第 53 届世界速度滑冰锦标赛上夺得男子速滑 500 米第二名，五星红旗第一次飘扬在世界冰坛上空。那一历史性时刻成为中国人为之骄傲的时刻。

杨菊成

王金玉

1959 年，黑龙江省决定把冰上运动作为重点，成立省速滑队。1960 年，黑龙江省速滑队成立。哈尔滨市选送杨菊成、孙洪霞、杨云香、王金玉入队。全队住在哈尔滨体育学院，由学院负责领导。黑龙江省速滑队成立后，训练成绩大幅度提高。

在 1955 年第二届全国冰上运动会上，哈尔滨运动员郑宏道和许明淑分别获得全能第一名，在以后的比赛中多次取得优异成绩。自 1959 年以来，王金玉先后十余次获得全国速滑比赛的全能冠军，二十余次创造和打破速滑单项及全能全国纪录，连续八次代表中国参加世界速滑锦标赛。他的直道滑行技术在 20 世纪 60 年代处于世界一流水平。

20 世纪 70 年代至 1985 年，是哈尔滨冰雪竞技体育的重要发展阶段。哈尔滨自制或引进先进的训练器械，改变了只有杠铃的局面。教练王界新自制出蹬动滑行台。教练罗致焕自制出负重滑行器。教练张可胜自制出仰蹬器。同时，哈尔滨引进了加拿大式滑板、挪威式滑板、挪威式滚动台、力量联合器等，这对于运动员技术水平的提高和专业素质的提高起到了良好的作用。

1979 年，哈尔滨冰上训练基地的人工冷冻冰场投入使用。这使得每年冰期延长了 3 个多月，增加了全年冰上训练总负荷量，提供了时间保证，为我国赶超世界速滑先进水平提供了场地条件。

20 世纪 80 年代，为了与国际接轨，黑龙江省从 1981 年至 1985 年，连续五年选派速滑运动员、教练员到挪威、西德进行训练。通过训练，速滑运动员、教练员提升了专业能力，开阔了眼界。

▲ 哈尔滨市早期花样滑冰教练靖惠和小队员合影

▲ 许兆晓

自 1953 年首届全国冰上运动会后，哈尔滨市花样滑冰和冰上舞蹈在全国处于领先地位，影响较大。1953 年至 1965 年，哈尔滨市共参加 13 次全国性花样滑冰比赛。

1973 年冬，哈尔滨市体委组建花样滑冰三级训练网。从 1979 年起，哈尔滨市花样滑冰运动员开始代表国家参加国家级和世界级赛事。1983 年，栾波、姚滨获得世界大学生冬季运动会双人滑铜牌。1984 年，许兆晓在匈牙利国际花样滑冰邀请赛中获得男子单人滑冠军。1985 年，张述滨获得世界大学生冬季运动会花样滑冰男子单人滑冠军。哈尔滨市花样滑冰一步一个脚印地走向世界舞台中心。

▸
1954 年，吉林、黑龙江、松江、哈尔滨联合冰上运动会颁奖现场

哈尔滨市冰球运动开展得较早。1954 年，哈尔滨市有职工冰球队 20 多个、学校冰球队 100 多个。1954 年，吉林、黑龙江、松江、哈尔滨联合冰上运动会冰球比赛在哈尔滨市举行，哈尔滨队获得冠军。1955 年，哈尔滨市成立冰上青少年业余体校（设有冰球班），开始培养冰球后备力量，继而组建少年业余冰球队。许多学校和工厂、企业也建有业余冰球队，开展冰球活动。业余体校贯彻“从小培养，多年训练，打好基础，积极提高”的方针，对外输送了大量队员。

1954 年，尚志县（今尚志市）朝鲜族中学体育教师李得龙在道里体育用品厂购得苏联侨民遗留的 60 副“白熊牌”滑雪板，回校后组织 20 名学生在玉泉滑雪场训练了一个月，在训练结束后针对全体学生开设滑雪课。1955 年，黑龙江省体委在玉泉滑雪场建设了 300 多平方米的运动员休息室（石头房子），举办了滑雪教练员训练班。哈尔滨派学员参加学习，组建业余滑雪队，滑雪运动逐步在哈尔滨开展起来。1974 年 6 月，玉泉滑雪场组建了滑雪班。在 1975 年 2 月的全国滑雪比赛中，滑雪班中的运动员获得成年、少年男女接力赛的 4 项冠军和 9 个单项冠军。在 1976 年第三届全国冬季运动会滑雪比赛中，滑雪班中的运动员又荣获越野滑雪成年组、少年男子组接力赛的冠军，同时获得单项金牌 11 枚。

▲ 人们在玉泉滑雪场自制滑雪板

1978 年，黑龙江省体委、黑龙江省教育厅发出“百万青少年上冰雪”的号召，大量青少年开始参加冰雪体育运动。阿城县（今阿城区）平山中学、小岭中学全体师生修建了滑雪场，自制土滑雪板，举办滑雪教练员训练班。哈尔滨等地区成为开展冰雪运动的重点地区。1985

年，哈尔滨举办首届冰雪节，滑雪成为哈尔滨冰雪节的重要内容。

哈尔滨，在全国率先迈入文体旅融合发展的新阶段。

承办国际赛事

第三届亚洲冬季运动会

1996 年 2 月，第三届亚洲冬季运动会在哈尔滨举行，这是中国第一次举办洲际冬季综合运动会。第三届亚洲冬季运动会设立了 8 个大项、43 个小项的比赛。17 个国家和地区的代表队参加了第三届亚洲冬季运动会。其中，哈萨克斯坦、乌兹别克斯坦、塔吉克斯坦和吉尔吉斯斯坦等中亚国家第一次参加亚洲冬季运动会。

在第三届亚洲冬季运动会上，中国队获得了 15 枚金牌、7 枚银牌、15 枚铜牌，位列金牌榜和奖牌榜榜首。首次参赛的哈萨克斯坦队获得了 14 枚金牌、9 枚银牌、8 枚铜牌，位列第二名。日本队获得了 8 枚金牌、14 枚银牌、10 枚铜牌，位列第三名。

▼ 第三届亚洲冬季运动会开幕式

由于国际奥委会决定夏季奥运会与冬季奥运会间隔两年交替举办，为避免和 1994 年利勒哈默尔冬季奥运会发生时间冲突，第三届亚洲冬季运动会的举办时间由 1994 年延期到 1996 年。

中国哈尔滨和韩国江原道于 1992 年年底向亚洲奥林匹克理事会提出申办请求。

1993 年 3 月 28 日，亚洲奥林匹克理事会考察团抵达中国哈尔滨进行考察。

1993 年 11 月 28 日，中国申办代表团前往科威特，参加亚洲奥林匹克理事会第 12 次代表大会。12 月 2 日，亚洲奥林匹克理事会第 12 次代表大会进入第 18 项议程，两个申办代表团进行申办陈述。包括世界速滑冠军王秀丽在内的陈述团向全体委员介绍哈尔滨的申办情况。在陈述后，屏幕上播放了介绍哈尔滨城市风貌、冬季体育运动与竞技场馆等的申办影片。随后，韩国申办代表团进行陈述。时任巴基斯坦奥林匹克委员会主席、国际奥委会委员瓦吉德·阿里提议，1996 年第三届亚洲冬季运动会由中国举办，1999 年第四届亚洲冬季运动会由韩国举办。他的提议获得与会委员的响应。当时担任亚洲奥林匹克理事会主席的法赫德亲王宣布表决结果：中国哈尔滨成为第三届亚洲冬季运动会举办城市。

第三届亚洲冬季运动会是亚洲冬季运动史上参赛人数最多、规模最大的一次盛会。作为我国冰雪运动摇篮的哈尔滨，曾多次举办全国冬季运动会，但却是第一次承办洲际综合性国际大赛。当时，哈尔滨的场馆及配套设施距国际标准还有一定的差距。组委会参考前两届亚洲冬季运动会的情况，并结合实际进行反复论证，决定改建、利用、扩建原有场馆，另建新馆。第三届亚洲冬季运动会的比赛场馆分布在三处，其中两处在哈尔滨市区，一处在亚布力滑雪场（内有运动员村）。

黑龙江省筹备亚洲冬季运动会仅有 26 个月的时间，其中有两个冬季。黑龙江省用 26 个月的时间，完成了通常需要 4 至 6 年才能完成的城市基础设施建设任务，用“黑龙江速度”搭建起亚洲冬季运动会的“舞台”。所有场馆都经国际冰联、雪联现场验收。亚布力滑雪场可以同时承担高山滑雪、越野滑雪、冬季两项、跳台滑雪和自由式滑雪等项目的比赛，可以与亚

▲ 设计图从上至下：飞驰冰球馆、综合体育馆、滑冰馆、速滑馆

洲其他国家的滑雪场相媲美。两个冰上场馆在哈尔滨市区。黑龙江省速滑馆的建设在当时是重要工程之一。黑龙江省速滑馆仅用 580 天就建成了。

第三届亚洲冬季运动会的会徽由刘福臣设计。其整体图案汉字“三”(亦是阿拉伯数字“3”）和亚洲奥林匹克理事会会徽中的太阳构成奋力向前的滑雪运动员的造型，意为“第三届亚洲冬季运动会”。蓝色流畅的书法线条象征着冬季运动的速度感和韵律感。红色的太阳象征着热烈和吉祥，激励着亚洲冰雪运动健儿在奥林匹克精神的指引下勇往直前。第三届亚洲

▲ 从左至右：第三届亚洲冬季运动会会徽、吉祥物“豆豆”、火炬

冬季运动会选用哈尔滨的特产植物大豆作为吉祥物，为吉祥物取名为“豆豆”。设计者在圆溜溜的、硕大的大豆粒上画了一对椭圆形的眼睛、一张微笑的嘴巴和两根卷曲的头发，以此作为人头，头下的身子、手、脚及豆荚翅膀则很小。活泼俏皮的“豆豆”满面笑容地向前奔跑，伸出右手做出“V”的样子，表示热烈欢迎亚洲冰雪运动健儿的到来，衷心祝愿第三届亚洲冬季运动会圆满成功。

火炬是运动会的重头戏。第三届亚洲冬季运动会的火炬外形既古朴，又具备现代韵律，显示出鲜明的中国文化特色。火炬上部呈倒锥形，辅以三根立柱；中部的加粗圆柱为上部立柱的延续，彰显了亚洲冬季运动会凝聚人心，昭示着“团结、友谊、发展、进步”的宗旨。

1996 年 2 月 4 日，第三届亚洲冬季运动会在哈尔滨开幕。江泽民主席出席了开幕式。国际奥委会主席萨马兰奇发来了贺电。

1996 年 2 月 4 日 20 时 28 分，江泽民主席宣布在中国哈尔滨市举行的第三届亚洲冬季运动会开幕。

亚洲奥林匹克理事会主席法赫德亲王在开幕词中高度评价了黑龙江省、哈尔滨市为筹备、迎接第三届亚洲冬季运动会所作出的努力。他说：“这是中国人民为促进亚洲体育水平的提高，增进亚洲人民的团结和友谊作出的又一值得赞美的贡献。我们坚信，第三届亚冬会将是亚洲冬季运动史上最成功、最令人难忘的盛会。”

▲ 中国队入场

▲ 王秀丽点燃火炬

▲ 陈露代表全体运动员宣誓

▲ 第三届亚洲冬季运动会闭幕式

中国速滑运动员王秀丽高擎火炬，在罗致焕、王金玉的护卫下登上火炬台，用取自北京天坛的圣火，点燃了亚洲冬季运动会主会场的火炬。中国花样滑冰运动员陈露代表全体运动员宣誓。

开幕式上进行了风格独特的冰上艺术表演《太阳·冰雪·亚细亚》。中外贵宾、海内外朋友及5000多名观众出席了开幕式，并观看了冰上艺术表演。

1996年2月11日，第三届亚洲冬季运动会火炬在哈尔滨熄灭。在闭幕式上，会场升起中华人民共和国国旗、亚洲奥林匹克理事会会旗，以及第四届亚洲冬季运动会承办国韩国国旗。东方歌舞团等艺术团体进行了文艺演出。

第三届亚洲冬季运动会在软件硬件配置、赛事运营管理、比赛成绩突破等方面取得了巨大成功，获得了多方认可和称赞。第三届亚洲冬季运动会的成功举办使得哈尔滨积累了丰富的办赛经验，提高了哈尔滨的知名度，为城市经济的发展注入了活力、带来了机遇，使得哈尔滨积累了冰雪产业基础、积淀了冰雪文化底蕴。哈尔滨开始了“国际滨”的新征程。

第24届世界大学生冬季运动会

2009年，第24届世界大学生冬季运动会在哈尔滨市举行。第24届世界大学生冬季运动会是我国首次举办的世界综合性冬季运动会，是继2008年北京奥运会之后我国举办的又一个世界高水平的综合性运动会。

▲ 第24届世界大学生冬季运动会中国队入场

2003 年 6 月，黑龙江省政府第 12 次省长办公会议正式决定，黑龙江省以哈尔滨市名义申办 2009 年世界大学生冬季运动会。

2004 年 3 月，黑龙江省政府正式成立 2009 年世界大学生冬季运动会申办工作领导小组。

2004 年 4 月 27 日，国务院正式批准黑龙江省以哈尔滨市名义申办 2009 年世界大学生冬季运动会。

2004 年 5 月 20 日，黑龙江省代表随中国大体联代表团参加了在国际大学生体育联合会（以下简称国际大体联）总部召开的执委会会议，申办工作正式启动。

2004 年 5 月，黑龙江省成立哈尔滨 2009 年世界大学生冬季运动会申办委员会（以下简称大申委）。

2004 年 6 月 25 日，哈尔滨完成申办报告，起草完成了《申办 2009 年世界大学生冬季运动会总体工作方案》。

2004 年 10 月，哈尔滨 2009 年世界大学生冬季运动会申办委员会办事机构正式成立。

2004 年 11 月 17 日，国际大体联考察评估团主席乔治·基里安等人在哈尔滨国际会展体育中心听取了申办陈述，观看了申办宣传片、亚布力滑

▼ 国际大体联总部

雪场规划建设三维多媒体演示片。会后，国际大体联考察评估团参观了哈尔滨国际会展体育中心体育馆、申办委办公地点、黑龙江省广播电视中心。国际大体联官员又实地考察了黑龙江省冰上训练基地、黑龙江大学学生公寓等。

2004 年 11 月 18 日，国际大体联考察评估团赴亚布力滑雪场考察。

▲ 国际大体联考察评估团赴亚布力滑雪场考察

2005 年 1 月 5 日，哈尔滨申办 2009 年世界大学生冬季运动会代表团启程赴奥地利。

2005 年 1 月 8 日，哈尔滨申办 2009 年世界大学生冬季运动会展台在茵斯布鲁克亮相，获得广泛关注和一致好评。

2005 年 1 月 9 日，世界大赛冠军、花样滑冰双人滑后起之秀张丹、张昊作为申办形象大使，出现在哈尔滨申办 2009 年世界大学生冬季运动会展台前，为家乡的申办活动助阵宣传。

▲ 国际大体联主席乔治·基里安参观哈尔滨代表团的宣传展台

▲ 大学生冬季运动会的形象大使、花样滑冰双人滑世界冠军张丹和张昊

▲ 乔治·基里安宣布2009年世界大学生冬季运动会在哈尔滨举办

2005年1月10日，在茵斯布鲁克举行的国际大体联执委会上，哈尔滨做最后的陈述，并通过投票击败对手土耳其埃尔祖鲁姆市。国际大体联主席乔治·基里安宣布，2009年世界大学生冬季运动会在中国哈尔滨举办。

2005年7月，2009年世界大学生冬季运动会筹备委员会在哈尔滨成立。这标志着世界大学生冬季运动会的各项筹备工作正式启动。

2006年9月，世界大学生冬季运动会组委会组织机构成立。

2007年1月28日，程幼东郑重地从国际大体联主席乔治·基里安手中接过世界大学生冬季运动会会旗。

2007年4月，第24届世界大学生冬季运动会会徽在哈尔滨正式揭晓。

2007年6月，第24届世界大学生冬季运动会吉祥物正式对外发布。雪娃娃“冬冬”当选为吉祥物。

2008年1月，“冰雪·青春·未来”成为第24届世界大学生冬季运动会的主题口号。

▲ 第 24 届世界大学生冬季运动会会徽、吉祥物

2008 年 9 月，国际大体联官员对第 24 届世界大学生冬季运动会的相关场地、设施进行全面考察。

2008 年 10 月 9 日，第 24 届世界大学生冬季运动会手持火炬“冰韵天鹅”正式亮相。

2008 年 11 月 9 日，在第 24 届世界大学生冬季运动会倒计时 100 天之际，以奉献、友爱、互助、进步为基本内涵的大冬会志愿者标志 “舞动的心”正式亮相。

2008 年 12 月 10 日，承载着全世界人民对和平、美好的无限向往，第 24 届世界大学生冬季运动会火种采集仪式在哈尔滨工业大学体育场隆重举行。

▲ 第一棒火炬手于静向人们展示大冬会火炬“冰韵天鹅”

▲ “舞动的心”正式亮相

◀ 火箭升空，在离开地面的过程中尾火引燃底座上的易燃物，将火种采集于火种盆中

2008 年 12 月 20 日，近 10 万名城市志愿者正式上岗。象征着和平、友谊、光明和希望的大冬会火炬传递启动仪式于 2008 年 12 月 20 日下午在哈尔滨师范大学江北校区体育场举行。

2008 年 12 月 26 日，大冬会火炬在哈尔滨传递。六天五地（齐齐哈尔、大庆、牡丹江、七台河、佳木斯）、总长 2009 公里的传递，标志着大冬会火炬传递圆满结束。

2008 年 12 月 30 日，在第 24 届世界大学生冬季运动会倒计时 50 天之际，大冬会“水晶镶金”金、银、铜牌发布。对于奖牌，组委会经过审定，最终确定了资深平面设计师申宏彦的“水晶镶金”设计方案。奖牌取自中国古代著名美玉和氏璧造型，由象征尊荣华贵的黄金与象征和谐纯洁的水晶两种材质组合而成。奖牌具有浓厚的“中国风”和“冰雪韵”。奖牌正面中心金属上镌刻国际大体联标志，奖牌周边水晶位置上采用国际大体联的五星与飘带相结合的图案。奖牌体现出世界大学生运动健儿团结向上、拼搏共赢的体育精神。

2009 年 1 月 13 日，第 24 届世界大学生冬季运动会“开幕式《金镶玉彩色纪念章》”正式亮相。此外，国家邮政局于 2009 年 2 月 18 日发行《第 24 届世界大学生冬季运动会》纪念邮票一套两枚。

2009 年 2 月 13 日，坐落于黑龙江大学城的第 24 届世界大学生冬季运动会主运动员村迎接首个代表团。

▲"水晶镶金"金、银、铜牌

◀纪念邮票

2009年2月18日，第24届世界大学生冬季运动会正式开幕。在运动员入场式中，来自44个国家和地区的代表团欢快地步入会场，受到全场观众的热烈欢迎。当以全国花样滑冰锦标赛冠军刘艳为旗手的中国代表团最后一个进入会场时，观众激动地挥舞手中的五星红旗，欢呼声经久不息。中国代表团共有193名运动员。这是中国自参加世界大学生冬季运动会以来参赛规模最大、参赛项目最全、参赛人数最多的一届。中国代表团也是第24届世界大学生冬季运动会参赛人数最多的代表团。

▲ 第 24 届世界大学生冬季运动会会旗入场

▲ 第 24 届世界大学生冬季运动会开幕式

▶ 第 24 届世界大学生冬季运动会开幕式现场

国际大体联主席乔治·基里安也在开幕式上致辞，对中国人民为办好第 24 届世界大学生冬季运动会付出的辛勤努力表示衷心感谢。

在开幕式上，全场观众欢呼雀跃，会场上方悬挂的大屏幕瞬间变换成一座空中舞台，5 米高的大冬会吉祥物“冬冬”奇迹般腾空而起。

在圣火点燃仪式上，中国第一个冰雪项目世界冠军罗致焕高擎火炬跑入会场，与中国速滑世界冠军薛瑞红、奥运冠军杨扬进行了前三棒火炬的

▲ 国际大体联主席乔治·基里安在开幕式上讲话

▲ 第 24 届世界大学生冬季运动会主火炬塔点燃

传递。当张丹、张昊接过最后一棒后，两人同举圣火缓缓跑向设在体育馆外广场上的主火炬台，在主火炬台前铺设的一条冰壶滑道前点燃以阿拉伯数字“24”为图形的导火索。24 道冷烟火“火箭”奔向冰壶台前方的雪球。一名冰壶运动员掷出的冰壶将熊熊燃烧的雪球推向主火炬塔。满载青春热情和真挚友谊的大冬会圣火随即照亮夜空。

开幕式上的文艺演出由“相约冰城”“凝聚中华”“和谐世界”“青春与未来”四部分组成，不仅展示了哈尔滨的文化风貌和中国的传统文化，也展现了世界各国大学生的青春风采。在《太阳岛》优美的旋律中，吉祥物“冬冬”变身导游，带领“游客”们穿梭在具有浓郁异国情调的中央大街上。欢快激昂的踢踏舞《键盘交响诗》，让观众领略到大学生的青春风采。当俄罗斯“海豚音王子”维塔斯唱响《鹤之泣》时，花样滑冰世界冠军庞清、佟健在冰面上翩翩起舞，具有震撼力的歌声与唯美的冰姿相得益彰。

为了迎接第 24 届世界大学生冬季运动会，哈尔滨冰雪大世界以“冰雪大世界 喜迎大冬会”为主题，将文化与娱乐活动结合起来，将景观与冰雪体育结合起来，将先进的 LED 灯光技术与冰雪景观结合起来，打造了一个

▲ 第 24 届世界大学生冬季运动会开幕式上的文艺演出

▲ 第 24 届世界大学生冬季运动会开幕式上的文艺演出

▲ 第 24 届世界大学生冬季运动会开幕式上的文艺演出

集观赏性、娱乐性、文化性于一体的特色冰雪主题游乐园。冬运圣火城景区以主塔高 40 米的冬运圣火城堡为主建筑，突出了大冬会的主题。冰雪大世界的梦幻之旅让人们在寒冬兴奋不已、丝毫不觉得寒冷。

第 24 届世界大学生冬季运动会是充满青春活力的体育盛会，大学生体育健儿聚首中国，在冰天雪地里纵横驰骋，展现勇敢和进取的精神，展示世界的未来与希望。

▲ 张丹、张昊在花样滑冰双人滑比赛中获得金牌

▲ 董飞飞获得女子速滑 1500 米银牌

世界大学生冬季运动会是弘扬奥林匹克精神、实践奥林匹克运动理念的舞台。第 24 届世界大学生冬季运动会是中国从体育大国向体育强国迈进的新起点。就竞技体育而言，中国在一些基础项目上的实力还不够雄厚，冰雪运动的基础还有待夯实。举办世界大学生冬季运动会可以让更多的人在冰雪世界里强身健体，可以为更多的优秀冰雪运动后备人才提供一展身手的舞台。

2009 年哈尔滨第 24 届世界大学生冬季运动会无疑是历届世界大学生冬季运动会中非常出色、完美的一届盛会。

▶
运动员代表与志愿者代表在闭幕式上向观众致意

▲ 第 24 届世界大学生冬季运动会在哈尔滨闭幕

▲ 第 24 届世界大学生冬季运动会闭幕式上的文艺演出

高光时刻——“双亚冬之城”的诞生及“中国现代冰雪运动发源地”的确论

三十年，弹指一挥间，时序轮转，岁月不居。机遇再次降临到哈尔滨这座城市，在1996年第三届亚洲冬季运动会过去后的三十个年头，第九届亚洲冬季运动会的圣火又闪亮在冰城的天空。

在日本札幌举办的第八届亚洲冬季运动会上，中国冰雪运动健儿取得了优异成绩。历经平昌冬奥会、北京冬奥会洗礼的中国冰雪运动健儿需要一个舞台，哈尔滨这座城市需要一声嘹亮的号角。

第八届亚冬会闭幕

我国代表团位列奖牌榜第三

2月26日，第八届亚洲冬季运动会在日本札幌闭幕。　新华社记者 杨世尧 摄

本报2月26日讯（记者张政 张宽）今天下午，第八届亚洲冬季运动会在日本札幌圆满落幕，我国代表团在本届亚冬会中共获得12金14银9铜，共计35枚奖牌，成绩位列奖牌榜第三。东道主日本代表团以27金21银26铜的成绩排名榜首，韩国代表团以16金18银16铜位列第二，上届亚冬会奖牌榜头名哈萨克斯坦代表团以9金11银12铜的成绩滑落至第四。

闭幕式前，本届亚冬会进行了最后一天的收官之战，我国选手在花样滑冰男子单人滑、越野滑雪女子15公里自由式集合出发和冬季两项男子15公里集合出发三项比赛中，收获了2银2铜。

本届亚冬会是第一次把赛期改在冬奥会的前一年进行，共有来自32个国家和地区的2000多名运动员参与5个大项，64个小项的竞争，赛会规模创历史新高。我国代表团派出了236人的阵容并参加了全部64个小项的比赛。其中，我省共有38人入选国家队并参加了3个大项、9个分项的比赛。本届亚冬会我省派出冬季项目的精锐力量并在赛场上发挥出色，为我国争金夺银。在单板滑雪、短道速滑和花样滑冰项目上摘得了金牌，其中，武大靖不但担任我国代表团开幕式的旗手还在短道速滑男子500米比赛中创造了新的亚洲纪录。

纵观本届亚冬会，亚洲最高水准的冬季项目选手济济一堂，带给我们许多精彩与难忘的瞬间，8天时间里各位参赛选手以最高的热情投入赛场，向全亚洲人民展现非凡的体育才华。我国冰雪健儿不但在优势项目上发挥稳定，很多项目也都带来了惊喜。在绝对优势项目中，单板滑雪U型池，花样滑冰双人滑，短道速滑男子500米和5000米接力等比赛中，保持百分百夺金率，而在需要竞争的机会均等项目中，男女冰壶，速度滑冰男子500米也都拿到了冠军。值得一提的是，在有些偏冷门项目中，如越野滑雪女子冲刺、单板滑雪女子回转上也取得了突破。可以说，我国冰雪健儿在本届亚冬会赛场圆满完成了任务并积累了宝贵经验，达到了为2018年平昌冬奥会练兵、预热的目的。

聚焦亚冬会

▲《黑龙江日报》关于第八届亚冬会闭幕的报道

◀ 哈尔滨申办2025年亚洲冬季运动会动员会议

2023 年 6 月，哈尔滨正式申请举办 2025 年第九届亚洲冬季运动会。

2023 年 7 月 4 日，哈尔滨申办 2025 年亚洲冬季运动会代表团第一批人员启程，赴泰国曼谷参加亚奥理事会全体大会。

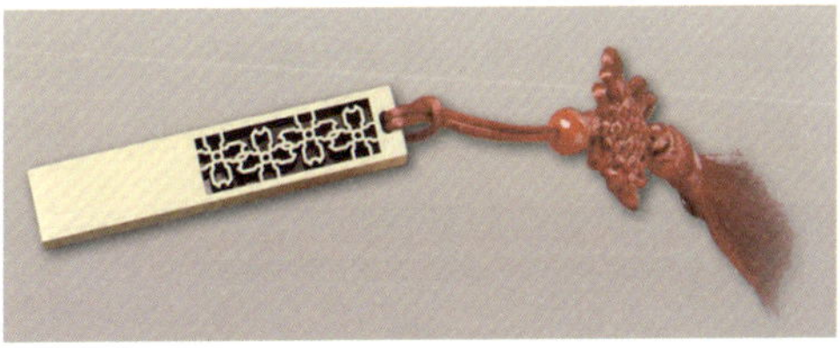

◀ 哈尔滨申办 2025 年亚洲冬季运动会代表团随身携带的“中国结”U 盘

2023 年 7月 8 日，在泰国曼谷举行的第 42 届亚奥理事会全体大会上，经亚奥理事会执委表决通过，哈尔滨市获得 2025 年第九届亚洲冬季运动会举办权。激动人心的消息传来，哈尔滨市举城欢庆，庆祝第九届亚洲冬季运动会申办成功。

▲ 哈尔滨市太阳岛景区太阳石广场举行的庆祝仪式现场

2023 年 10 月 20 日，亚奥理事会公布 2025 年第九届亚洲冬季运动会比赛项目。10 月 23 日，哈尔滨市第九届亚冬会执行委员会（临时）从友谊宫搬迁到“亚冬大厦”新址。这标志着哈尔滨市第九届亚洲冬季运动会筹办工作进入新阶段。

2024 年 1 月 10 日，2025 年第九届亚洲冬季运动会组织委员会成立大会暨第一次全体会议在哈尔滨召开。会议听取了亚冬会筹办工作情况报告，审议通过了第九届亚冬会组委会（执委会）内设机构设置及职能配置方案、组委会工作规则等。自此，赛场内外双线并行，哈尔滨市开始了紧张有序的筹备工作。哈尔滨市秉持“绿色、共享、开放、廉洁”的办赛理念和“简约、安全、精彩”的办赛要求，科学合理地利用现有资源，高标准、高质量、高效率地完成赛事组织工作和赛会服务保障工作。

▲ 2025 年第九届亚洲冬季运动会组织委员会成立大会暨第一次全体会议在哈尔滨召开

5000 多名赛事志愿者、1.6 万多名城市志愿者辛勤付出，默默坚守。在赛场内，他们为竞赛组织、交通抵离、媒体运行、餐饮服务等提供保障，应急救护志愿者为运动员们的安全保驾护航；在赛场外，他们为亚冬会赛事场馆周边、旅游景区、交通枢纽、服务行业等重点区域的城市运行提供服务。2025 年哈尔滨市第九届亚洲冬季运动会是一场体育盛会，更是中国向亚洲乃至世界展现冰雪文化、城市魅力和国家形象的重要窗口。志愿者的服务与表现是展现“亚洲风采、中国气派、龙江特色、冰城魅力”的重要保障，更是传递“冰雪同梦，亚洲同心”主题最直接的体现。志愿者来自各行各业，他们迅速打破陌生感，形成高度协作的团体，培养团结协作精神，在最短的时间内熟悉场馆区域位置、功能区块、服务点位等，充分做好正式上岗前的准备，全面迎接亚冬会的到来。

▲ 场馆建设誓师大会

▲ 培训启动仪式

▲ 志愿者在训练

自2023年7月8日申办成功到2025年2月7日正式开幕，第九届亚洲冬季运动会的筹备期仅为580天。而一般大型国际赛事的筹备期通常为4至7年。

2025年2月7日，第九届亚洲冬季运动会在黑龙江省哈尔滨市隆重开幕。习近平主席出席开幕式并宣布本届亚冬会开幕。夜幕下，哈尔滨国际会展体育中心华灯璀璨，流光溢彩，现场气氛十分热烈。

伴着《我爱你中国》的深情旋律，8名仪仗兵迈着矫健的步伐，护卫着中华人民共和国国旗走进现场。全场起立，高唱中华人民共和国国歌，鲜艳的五星红旗冉冉升起。

▲ 8名仪仗兵护卫着中华人民共和国国旗走进现场（新华社记者宋彦桦 摄）

◀ 五星红旗冉冉升起（新华社记者江汉 摄）

大屏幕播放短片《琉璃时光》，身着新春盛装的儿童手提冰灯，点亮哈尔滨的城市地标。随后迎宾表演《冰灯启梦》开启，冰凌手绢花转出东道主喜迎八方宾朋的热烈之情。

在《冰雪的亚细亚》的欢快乐曲声中，来自34个国家和地区的体育代表团相继入场，受到全场观众的热情欢迎。《歌唱祖国》的激昂旋律响起，中国代表团最后入场，掌声、欢呼声此起彼伏。中国代表团共257人，其中参赛运动员170人。

中国代表团入场

哈尔滨亚冬会组委会主席、黑龙江省省长梁惠玲在致辞中代表组委会和3000多万黑龙江人民，向来自亚洲各个国家和地区的运动健儿表示热烈欢迎，祝愿他们在赛场上突破自我、展现风采、成就梦想、收获友谊。

哈尔滨亚冬会组委会主席、中国奥委会主席高志丹在致辞中表示，在习近平主席亲切关怀和坚强领导下，一届精彩纷呈的亚冬盛会即将拉开帷幕，让我们尽情分享中国式现代化的万千气象，齐心绘就亚洲体育新辉煌的壮美画卷，合力奏响亚洲命运共同体的华丽乐章。

亚奥理事会第一副主席霍震霆在致辞中肯定中国在亚洲冰雪运动发展中发挥的重要作用，感谢中国政府、中国奥委会、黑龙江省政府、哈尔滨市政府及亚冬会组委会的精心筹备和团结合作，以及运动员、观众和工作人员的支持，称赞哈尔滨是梦幻的冰雪之都。

▲ 哈尔滨亚冬会组委会主席、黑龙江省省长梁惠玲致辞

▲ 哈尔滨亚冬会组委会主席、中国奥委会主席高志丹致辞

2025 年 2 月 7 日 20 时 51 分，开幕式迎来激动人心的一刻。习近平主席宣布：哈尔滨第九届亚洲冬季运动会开幕！ 顿时，全场沸腾，掌声、欢呼声经久不息。

6 名我国优秀运动员代表手执亚奥理事会会旗入场。伴着亚奥理事会会歌，亚奥理事会会旗徐徐升起，同五星红旗一道高高飘扬。

运动员宁忠岩、蔡雪桐和裁判员张春晖、陈文红分别代表全体参赛运动员和裁判员宣誓。

随后，在大屏幕上，短片《昂扬的冬天》吸引了全场目光：以冰雪为乐的哈尔滨人，展示“双亚冬之城”的城市热情。

文艺表演拉开帷幕，表演分为上篇《炽热冰雪》、中篇《燃情时速》、下篇《山高水长》三部分。舞者身着亚洲特色服饰，以热情舞姿展现各美其美、美美与共的生动图景。独具特色的“阳台音乐会”从舞台延伸到观众席。跳动的音符拨动命运与共、亚洲一家的心弦。

▼ 第九届亚洲冬季运动会文艺表演

▲ “雪韵丁香”灿然盛放，亚冬圣火熊熊燃烧

2025 年 2 月 7 日 21 时 24 分，主火炬点燃仪式开始。大屏幕现场联动哈尔滨冰雪大世界分会场，杨扬、韩晓鹏、王镇、张虹 4 名火炬手接力传递，赢得全场热烈掌声。手提冰灯的孩子们与火炬手携手前行，共同点燃主火炬塔，“雪韵丁香”灿然盛放，亚冬圣火熊熊燃烧。全场共同演唱主题歌《点亮亚洲》，整座场馆化作欢乐的海洋。

在 12 个比赛日内，34 个国家和地区的 1200 多名体育健儿齐聚冰城，展开激烈角逐。我国以高亭宇、徐梦桃、齐广璞、范可新为代表的北京冬奥会冠军强势回归，展现了冠军实力和良好状态。中生代运动员愈发成熟，优秀的年轻运动员不断涌现。中国代表团彰显了中国冰雪运动的强大实力。

▶ 获奖运动员身披国旗绕场致意

▲ 冰壶比赛

2025 年 2 月 14 日晚，当主会场内芭蕾舞者与手提冰灯的孩子们翩然起舞，分会场哈尔滨冰雪大世界的主火炬塔“雪韵丁香”缓缓熄灭，第九届亚洲冬季运动会在冰城哈尔滨圆满落下帷幕。哈尔滨向全世界兑现了举办一届“中国特色、亚洲风采、精彩纷呈”的体育盛会的庄严承诺。这场体育盛会不仅是亚洲冰雪运动健儿的竞技舞台，而且是哈尔滨向亚洲乃至世界递出的一张独特而耀眼的冰雪名片。

这名片的背后是中华民族百年不息的体育强国之梦，是冰城儿女在冰天雪地里的拼搏和创造。自新中国成立以来，在党和政府的领导下，哈尔滨人踔厉奋发，将冰雪运动带入寻常百姓家。从 20 世纪 50 年代起，哈尔滨就被誉为“冰上运动之城”。哈尔滨冰雪运动实现了从国内到国际、从学习到超越、从跟跑到领跑的转变。

这历程和荣誉是哈尔滨这座城市的，也是祖国的!

▼ 第九届亚洲冬季运动会闭幕式演出（新华社记者陈益宸 摄）

冰雪运动健儿的冠军时刻

习近平主席在哈尔滨第九届亚洲冬季运动会开幕式欢迎宴会上的致辞中指出:“哈尔滨是中国著名的‘冰城’,是中国现代冰雪运动的发源地。”这是对哈尔滨自然环境和人文环境的高度概括和肯定,也是对所有为冰雪事业做出贡献的人的最高褒奖,更是对哈尔滨在冰雪运动领域所做出的特殊贡献的历史性肯定。其中,哈尔滨籍世界冠军就是杰出代表。王秀丽、庞清、佟健、于静、张虹、蔡雪桐、臧一泽、李馨、宫乃莹、隋文静、韩聪、任子威、张雨婷等都是哈尔滨籍世界冠军。

他们敢为人先,敢于挑战,敢于突破。他们薪火相传,砥砺前行,斗志昂扬。在他们坚持不懈地努力下,五星红旗一次次在国际赛场上冉冉升起,诠释着中国力量。他们将“冰城”的独特魅力带到了世界各地的冰天雪地之中,他们在冰上共舞,在赛场上竞技,展现出运动健儿拼搏进取的精神,促进了冰雪文化的传播和发展。

王秀丽

1986 年 在日本札幌举行的第一届亚洲冬季运动会上获得 1000 米比赛金牌

1990 年 在加拿大卡尔加里世界速滑锦标赛上获得女子 1500 米比赛金牌(中国首位女子速滑世界冠军)

庞清、佟健

2006 年 在加拿大卡尔加里花样滑冰世锦赛中获得双人滑金牌

2010 年 在加拿大温哥华第 21 届冬奥会上获得花样滑冰双人滑银牌

中国女子冰壶队

刘金莉、周妍、岳清爽、柳荫、王冰玉

2008 年 获得女子冰壶世锦赛银牌

2009 年 获得女子冰壶世锦赛金牌

于 静

2012 年 在加拿大卡尔加里速度滑冰短距离世界锦标赛 500 米比赛中获得金牌，成为世界上该项目第一个滑进 37 秒的女选手，打破世界纪录

2014 年 获得速度滑冰短距离世锦赛女子 500 米比赛金牌

张 虹

2014 年 在索契冬奥会上获得速度滑冰女子 1000 米金牌

蔡雪桐

2015 年 获得单板滑雪世锦赛女子 U 型场地技巧比赛冠军

2017 年 获得单板滑雪世锦赛女子 U 型场地技巧比赛冠军

2023 年 获得单板滑雪世锦赛女子 U 型场地技巧比赛冠军

臧一泽

2016 年 在挪威利勒哈默尔举办的冬季青年奥林匹克运动会上获得短道速滑 500 米项目的金牌

李馨

2017 年 在国际雪联越野滑雪中国巡回赛中获得女子总冠军

2018 年 在国际雪联越野滑雪积分赛爱沙尼亚站获得女子 10 公里自由技术金牌

宫乃莹

2019 年	获得 2018—2019 国际雪联单板滑雪平行项目世界杯女子平行回转项目的金牌，实现了中国队在该项目中金牌“零”的突破
2020 年	获得 2019—2020 国际雪联单板滑雪平行回转北美杯女子单板平行回转金牌

隋文静、韩聪

2017 年	获得花样滑冰世锦赛双人滑冠军
2022 年	获得北京冬奥会花样滑冰双人滑冠军

任子威

2022 年 在北京冬奥会上取得了我国历史上短道速滑男子 1000 米首枚金牌，这也是他的奥运之旅“第二金”

张雨婷

2022 年 在北京冬奥会短道速滑比赛中代表中国队收获混合团体接力金牌

李方慧

2025 年 在第九届亚洲冬季运动会自由式滑雪女子 U 型场地技巧决赛中获得金牌，是中国体育代表团在第九届亚洲冬季运动会上夺得的首枚金牌

杨滨瑜

2025 年 在第九届亚洲冬季运动会上获得速度滑冰女子 3000 米冠军、速度滑冰女子团体追逐冠军

廉子文

2025 年　在第九届亚洲冬季运动会上由廉子文、高亭宇、宁忠岩组成的中国队夺得速度滑冰男子短距离团体追逐的冠军

王欣然

2025 年　在第九届亚洲冬季运动会上由王欣然、范可新、公俐、张楚桐组成的中国队夺得短道速滑女子3000 米接力冠军

陈玲双

2025年 在第九届亚洲冬季运动会上由陈玲双、李磊、池春雪、迪妮格尔·衣拉木江组成的中国队夺得越野滑雪女子 4×5 公里接力冠军

李心鹏

2025年 在 2024—2025 赛季国际雪联自由式滑雪空中技巧世界杯普莱西德湖站的混合团体决赛中，由李心鹏、徐梦桃、孙佳旭组成的中国队以总分 328.41 分获得冠军

在第九届亚洲冬季运动会上由李心鹏、徐梦桃、齐广璞组成的中国队夺得自由式滑雪空中技巧混合团体金牌

冰雪艺术

冰灯

历史溯源：现代冰灯的发源地——兆麟公园

冰灯的起源与人们的生产、生活实践活动密切相关。人们在寒冷的冬季利用冰雪资源制作各种日常工具和装饰品，以满足生活需求和审美需求。冰具有透明、光滑、坚硬、可塑等特点。人们在冰的中间放置油灯、蜡烛等发光体，就可以在夜晚进行照明。随着生活方式的转变和装饰需求的增加，冰灯逐渐发展成一种艺术，开始承载文化功能、仪式功能和装饰功能。

▼ 第一届冰灯游园会上的冰灯

在中国，冰灯艺术历史悠久。历史上有很多关于冰灯、冰雕艺术品的文字记载。明代《燕都游览志》记录了灯市上有细剪百彩、浇水而成的冰灯。明代诗人唐顺之的《元夕咏冰灯》一诗对元宵之夜的冰灯盛况进行了生动的描写："正怜火树斗春妍，忽见清辉映夜阑。出海鲛珠犹带水，满堂罗袖欲生寒。烛花不碍空中影，晕气疑从月里看。为话东风暂相借，来宵还得尽余欢。"在明代，南方也出现了冰灯，徐渭的两首《咏冰灯》七律诗就是明证。其一为："夜堂流影倍生妍，刻挂谁秉冻未阑。烛晕只疑杯水抱，火齐应落数珠寒。薄轮逼焰清难觅，满魄生花洞可看。复道余光能照胆，却令游女怯追欢。"其二为："玉枝丛里总称妍，径尺能消几夜阑。对日水晶谁取火，生花银烛自禁寒。共燃始觉琉璃避，但持还将雨雹看。无奈阳和消作日，何人筵上解悲欢。"

清代也不乏对冰灯的记载。傅山所作的十余首《冰灯诗》可以证明这一点。在傅山的笔下，冰灯的世界是非常可观的："银海迷离天水光，广寒宫殿斗明妆。玉壶一点琅玕泪，滴断人间烟火肠。凿得清光照古人，蠹编床上白磷霖。遗忘对此频能记，不愧前贤雪月贫。"乾隆也有御制的《冰灯联句》。他在诗序中说："片片鲛冰，吐清辉而交璧月；行行龙烛，腾宝焰而灿珠杓。"夏仁虎在《旧京琐记》中写道："正月之灯向集于前门内之六部，曰六部灯，以工部为最。有冰灯，镂冰为之，飞走百态，穷极工巧。"酒家已用冰灯做"招牌"。震钧在《天咫偶闻》中写道："以冰为酒瓮、瓶罂、鼎彝之属，燃灯于内，高悬四座，观者叹其绝肖。"

关于黑龙江地区的冰灯，也有相关的记载。西清在《黑龙江外纪》中写道："上元，城中张灯五夜，村落妇女来观剧者，车声彻夜

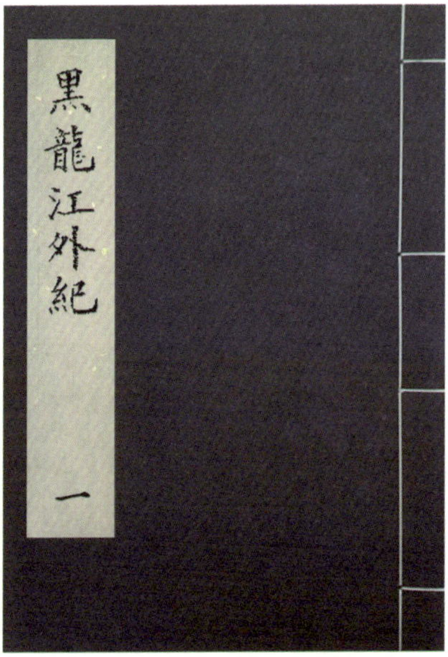

▲《黑龙江外纪》

不绝。有镂五六尺冰为寿星灯者，中燃双炬，望之如水晶人，此为难得。”

据《吉林通志》《盛京通志》《吉林乡土志》记载，船厂人家有“冬悬冰灯”的习俗，尤以一些买卖胡同和商铺作坊最为突出，家家争相悬挂冰灯。当时，一种常见的冰灯是瓦盆冰灯。人们先到瓦盆店买回瓦盆（泥盆），将瓦盆盛上水置于院子里。夜里，瓦盆里的水结成冰。第二天清早，人们摔了瓦盆，将里面的冰块掏出冰心，放入蜡烛，便做成了冰灯。

制作冰灯

历史上有关冰灯的记载丰富多彩。如今的冰灯已发展为冰雕、冰花、冰建筑等多种表现形式。哈尔滨现代冰灯艺术的兴起、赏冰灯的独特城市文化的形成与兆麟公园有着密切的关系。

1962 年 11 月，时任哈尔滨市委书记的任仲夷到广州开会，从已经开始“猫冬”的北国到了繁花似锦的南国，在参会之余参观了广州文化公园的花卉展。他看到了“花市灯如昼”的景象，深受触动。他心想，广州搞花展、花市，有其独特的地理优势和气候条件，而哈尔滨的冬天除了冰就是雪，老百姓习惯于整天待在家里“猫冬”，国家处于经济困难时期，群众物资匮乏，精神生活极其单调，公园没人去。用什么方式才能在寒冬里搞出“文化公园”来呢？有什么办法使群众走出户外、振作起精神呢？

▲ 20 世纪 60 年代广州迎春花会门票

1963 年春节来临时，任仲夷仍未能破解这一难题，哈尔滨人还是按照“猫冬”的方式过了一个枯燥无味的年。

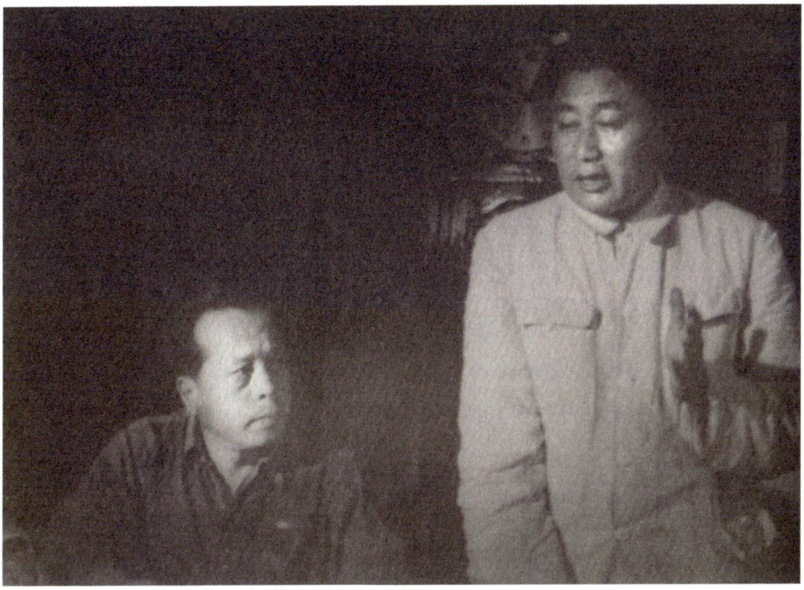

▲ 任仲夷、吕其恩一起研究工作

▲ 喂得罗

▲ 用喂得罗制作的冰灯

▲ 任仲夷当时居住并进行冰灯试验的宿舍楼

1963 年 2 月 1 日，任仲夷和吕其恩到香坊区检查工作，发现路边一户居民家门前有一点微弱的亮光。原来，一位老太太蹲在路边，面前摆放着用“喂得罗”（上粗下细的水桶）制成的空心冰坨，中间插了根点燃的蜡烛。

任仲夷回到家后与家人用水桶、脸盆盛上自来水，将黑色墨水、蓝色墨水和红色墨水分别倒进水桶、脸盆里，并将它们搬到阳台上冷冻，按照之前见到的方式进行制作。冰灯试验成功了。任仲夷还把吕其恩和林肖硖请来参观、商议，并一起进行冰灯试验。

▲ 任仲夷与林肖硖、刘作田在兆麟公园合影

▲ 20 世纪 60 年代兆麟公园施工现场

▲ 20 世纪 60 年代兆麟公园施工现场

▲ 制作小型冰雕

1963 年 2 月 3 日，任仲夷在家里召集有关领导举行了一次小型现场工作会。任仲夷提出一个大胆的设想："今天是正月初十，过 5 天才到元宵节，这个年还没过完。广州有花卉展，除夕搞花市，南方各地元宵闹花灯。我们没有花市、花灯，但可以到正月十五那天在兆麟公园搞个冰灯展，就叫冰灯游园会。"他把自己的见闻细说了一遍，又让与会者观看了院子里摆放的自制冰灯。最后，他斩钉截铁地下达了动员令："我们一定要把冰灯游园会搞成功，叫老百姓不'猫冬'，把群众的劲儿鼓起来，让哈尔滨的冬天不再寂寞！"

在兆麟公园施工过程中，各部门领导全力以赴，园林系统的职工们积极行动。他们造出了上千盏冰灯，将冰灯放在山坡上，摆在墙垛上或挂在树枝上，安上电灯泡或点上蜡烛。有的职工用菊花等冻制出冰花，有的学生用天然雪塑造出一只大象。职工们还做出一条冰道，做了小爬犁供孩子们玩耍。整个冰灯游园会从提出设想到完成布展只用了4天时间。大家齐心协力，创造了一个冰雪奇迹。

1963年2月7日晚上，哈尔滨第一届冰灯游园会在兆麟公园拉开帷幕。上千盏冰灯照亮了夜空，也将公园映衬得美轮美奂。一时间，哈尔滨出现了“满城呼唤看冰灯”的热闹场面，赏灯民众不畏严寒，精神焕发。门票是大人5分钱、小孩3分钱，一时间，全城轰动去看冰灯。第一个晚上涌进兆麟公园近5万人。冰灯游园会原定展期3天，因游客太多，又延期3天。在6天的时间里，兆麟公园共接待25万人次。时任黑龙江省委第一书记的欧阳钦观看后高兴地说，冰灯游园会能发动群众出门活动，这是一种神奇的力量。

1963年2月10日，任仲夷夫人、时任哈尔滨市委财贸部部长的王玄以黄萱为笔名在《哈尔滨晚报》发表了《调寄蝶恋花·观冰灯》：“银柳迎春冰灯闹，南岭梅开，北国春来早。冰花鳞光景色美，男女老幼奔相告。如玉晶莹光四照，闪闪火花，对着星星笑。心旷神怡人不冷，乾坤锦绣新面貌。”

1963年2月7日这一天被载入中国冰灯发展的史册。哈尔滨冰灯游园会是有组织的群众游园活动，奠定了哈尔滨在我国冰灯史上的地位，开创

▼ 任仲夷等指导冰灯游园会布展现场

▲ 小型冰雕作品

▲ 雪塑作品《万象更新》

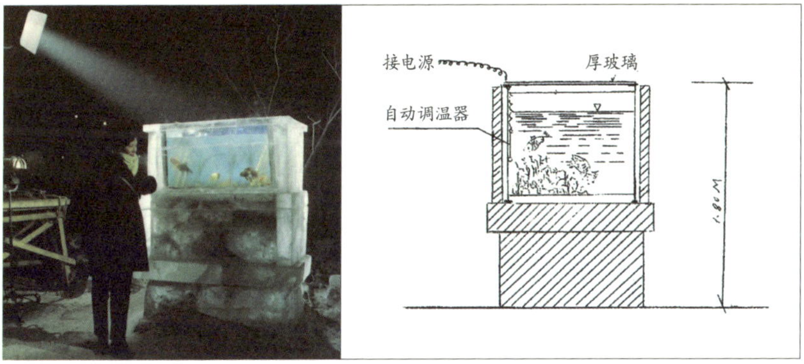

▲ 冰鱼缸及其设计图纸

▼ 冰花作品

了我国现代冰雪文化史的先河。兆麟公园成为我国现代冰雪造型艺术的诞生地。

1964 年 1 月 15 日开幕的第二届冰灯游园会首次全部采用电灯光源，首次采用松花江天然冰制作冰灯，首次用天然冰建屋盖楼和用冰雕镂出人像、动物。人们雕出了小姊妹、金马驹等冰雕，塑出了老寿星、小孩骑象等雪塑。第二届冰灯游园会出现了第一座 8 米高的冰塔、第一座 12 米长的冰桥，以及第一件 4 米高的室外大型冰雕——工农兵人物群像。最有趣的是一座解放牌大卡车的冰雕，一位女司机在驾驶室里笑容满面地向外招手，当然女司机也是用冰雕成的。每一位游客走过去时都要跟女司机拉拉手。邹问轩（邹韬奋的弟弟、诗人）在 1964 年 2 月的《黑龙江日

▲ 1964 年第二届冰灯游园会的介绍

▲ 大型冰雕“工农兵群像”

▲ “好好学习，天天向上”

▲ “珠穆朗玛峰”

▲ 游园人络绎不绝

▲ 第四届冰灯游园会门票

▲ 第四届冰灯游园会雕刻了冰雕导引指示

报》上发表了组诗《冰灯游园记盛》。他在诗中写道："满城百姓赞任公，别样心裁别样冬。南国慢夸花市好，北疆春节喜灯风。"

1965 年，第三届冰灯游园会首次出现了彩色浮雕冰屏。1966 年，第四届冰灯游园会首次运用舞台灯光和彩色白炽灯。

1978 年党的十一届三中全会以后，在改革开放的春风吹拂下，哈尔滨冰灯重新被点亮。从 20 世纪 80 年代起，越来越多的哈尔滨冰雪雕塑艺人走出国门进行展示和交流，陆续在加拿大、美国、韩国、日本等国家亮相。吉林、新疆、北京、上海等地也纷纷兴建冰雪主题乐园。各国游客来到中国赏冰玩雪，中国雕塑师也受邀前往国外建造冰雪景观。

如今的兆麟公园春季开满丁香，夏季杨柳依依，秋季五彩缤纷，冬季布满冰灯。倘若我们沿着冰灯照出的光晕回头望去，或许会发现，那里不仅有冰城人对冰雪艺术的美好回忆，还有一座城市的冰雪创新史。

▲ 1979 年冰灯游园会重新照亮冰城

冰灯艺术

从早期的记载来看，冰灯基本上是用器皿盛水来冷冻塑形的，当中间未冻实时，倒出水的空间用来摆放油灯或蜡烛。由于当时主要是用文字进行记录，我们无法看到具体的形象。从 1963 年开始，冰灯成为一种景观，人们通过染色、雕刻、砌筑、填充花卉和金鱼等手段制作冰灯。冰灯艺术可以分为以下四个方面。

冰灯的造型艺术

第一，器皿塑形。

器皿塑形是指通过使用特定形状和尺寸的器皿，将水注入其中并冷冻，形成预先设计好的冰块形状。这些冰块在制作冰灯时可以用来构建各种形状和结构的冰雕作品。

▲ 器皿塑形的冰灯

▲ 自然塑形与冰花作品等相结合的主题型作品

第二，墨水着色或工艺美术描绘美化。

墨水着色或工艺美术描绘美化是指使用墨水或其他颜料对冰灯进行着色或描绘，对冰灯进行美化，以增加其美观性和艺术性。

第三，雕刻。

雕刻是指以冰为主要材料，通过运用雕刻刀具和其他工具，创作出各种形状的冰雕艺术品的过程。这种艺术形式不仅能够展示冰的纯净和美丽，也能够体现创作者的技艺和创意。

第四，烙烫。

烙烫是一种传统的工艺技术，主要用于在冰灯上进行重复图案的绘制。以鱼鳞为例，冰灯制作者制作了专门的烙铁模具，在炉内将烙铁模具烧热，然后在冰上烫制鱼鳞，自由调节深浅、大小。效率得到大大提高。

▲ 与环境相结合的冰灯雕塑作品

▲ 运用烙铁模具制作的冰鱼

第五，砌筑。

砌筑是指将冰块加工成各种形状，然后将冰块堆拼起来，用水将冰块粘接成型，再进行精细的修磨。

◀
砌筑的冰灯

冰灯的灯光艺术

第一，内发光。

内发光通常指的是在冰灯内部放置光源，如彩灯或蜡烛，通过照明效果展现出美丽的图案和景观。

◀
冰灯游园会上的冰灯

第二，外染光。

外染光通常指的是在冰灯外部通过灯光照射或彩色光源投射所产生的光影效果。这种光影效果可以增强冰灯的视觉吸引力，使冰灯在夜晚或昏暗的环境中更加醒目和美丽。

▲ 冰灯的外染光

▲ 具有故事寓意的作品

第三，灯管或灯带嵌入。

灯管或灯带嵌入是指在冰灯中放入灯管或灯带。

▼ 灯管嵌入的冰灯

第四，变光技术。

变光技术是指通过使用高科技半导体照明（LED）技术，使得冰雕景观的灯光在计算机的控制下不断地变换颜色。

▲ “天鹅堡”

冰灯的组合艺术

当冰雕受到原料体积和雕刻手法的限制时，冰雕艺术家往往采取组合的方式进行制作。冰雕艺术家先把各个单体按照设计图尺寸做好，然后按照设计图将单体进行摆放、固定，使各个单体组合成一组完美的作品。

◀ 经过组合的冰雕作品

冰灯的文创艺术

自然冰往往会受到颜色和物理性质的限制，灯光赋色也只有在夜间或黑暗环境中才能实现。为了增强白天日光下的艺术效果，冰灯艺术家采取了传统的工艺手法，在冰灯上雕刻出诗词、碑文等，并进行涂色。这使得冰灯在白天也具有较高的欣赏价值，增加了冰灯的文化内容，赋予冰灯更多的文化含义。

冰雕艺术

冰雕是雕塑艺术的一种表现形式。冰雕艺术家运用天然的冰坯，利用“冰”独特的自然质感，运用一定的艺术手法对“冰”进行塑造。冰雕艺术家通过选题、构思、设计、创作，运用特殊的制作工具和独特的制作工艺，利用天然的冰坯，创作出富有情感和美感的艺术雕塑。

我国从古代开始就进行冰雕。汉代就曾在长安城外建造冰楼。据《三辅黄图》记载，“汉建章宫北积冰为楼”。据《开元天宝遗事》记载，“杨国忠子弟以奸媚结识朝士，每至伏日，取坚冰令工人镂为凤兽之形，或饰以金环绶带，置之雕盘中，送与王公大臣”。我们由此可以看到古代有关冰雕的记载。

哈尔滨现代冰雕艺术开始于1964年第二届冰灯游园会。据首个冰雕作品《工农兵群像》的创作者杨世昌回忆，他们在创作过程中主要从以下四个方面着手。

第一，构思构图。“工作室决定由创作员金在坤、吴喜林和我来完成工农兵群像的制作任务，我们三人是1963年刚从哈尔滨艺术学院雕塑专业毕业的学生”，“马上着手绘制施工图，几天内绘制了许多草图，讨论过很多设想，最后确定了立体构想。构图为三角形构成”，“这个构图表达了当年最提倡的政治语言，也是当时人民喜闻乐见的主题”。

第二，冰胚来源。“首先是冰源的问题，开始准备用公园小河中的冰，后来经查看，小河冰薄而不透明，即决定用松花江天然冰。当时已是12月下旬，松花江冰的厚度已接近80厘米，冰质透明度好，又够厚度。”“园林工人们历经千辛万苦，采了5块长1.5米、宽1.3米、厚80厘米的大型冰块，用马车拉到现场。我们又用导链把冰按构图一块一块地摞了起来，摞成四米高的大冰块。”

第三，雕刻工具。“时间大约是1963年12月25日。工人们为了我们的安全，给我们搭起了脚手架，安放两层跳板。”“首先用彩笔画好三个人物的大体位置，找出该镂空的位置，再找出三个人物的头、颈、胸、肢体大体的位置和比例。”“开始我们借用木工用的斧头打大型，用凿子刻画细部。”

第四，雕刻特点。“我们三个人分工合作。有的切大料，有的镂空人物间距，有的刻画头部，有的刻画衣纹。”“冰质十分脆弱，力度把握不好容易破碎，开始不好把握，小心翼翼，一刀一刀地精雕下去，在干中摸规律。第二天工作就比较好地掌握了冰的性能和应采用的刀法。冰是透明的，冰的折视使用一般的手法，不能产生强烈的效果，在干的过程中，我们渐渐地掌握了冰雕切面、深度及线刻的手法，了解冰雕的‘底片效应’，使冰雕可视效果达到满意的程度。”

我们可以通过以下四个方面来了解冰雕艺术。

单冰雕刻艺术

单冰雕刻是指在一块完整的冰块上进行的雕刻创作。

▲ 单冰作品《冰舟》（1964年）

▲ 单冰作品《生肖——鸡》（1964年）

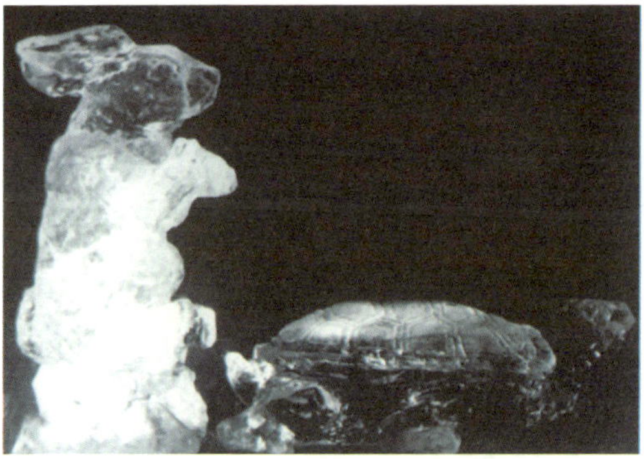
▲ 单冰作品《龟兔赛跑》(1982 年)

▲ 单冰作品《北极熊》

组合冰冰雕艺术

组合冰冰雕艺术是指运用两块或两块以上单块冰块进行切割、黏合、再创作的艺术。冰雕艺术家也可以将大型冰块分成多个小块，再运用各种雕刻技巧对冰块进行组合、堆砌、雕刻。组合冰冰雕作品往往美轮美奂，令人拍案叫绝。

在制作组合冰冰雕时，冰雕艺术家可以使用电动工具和手用工具，运用切、旋、削、刻、铲、镂、锯等各种手法，进行创作。组合冰冰雕不仅可以表现人物、动物、古代建筑、现代建筑等，而且可以体现一定的哲学理念和民族文化特色。冰雕艺术家可以运用冰雕艺术技巧制作玲珑剔透、令人赏心悦目的组合冰冰雕作品。

▼ 早期组合冰冰雕作品

▼ 第七届中国哈尔滨国际组合冰冰雕比赛作品

宴会冰雕艺术

宴会冰雕不仅能够为宴会增添独特的氛围，还能够作为富有创意的装饰元素，提升宴会的整体格调。宴会冰雕可以根据不同的主题和场合进行定制，例如婚礼、生日派对、企业庆典等。冰盘、冰花、冰摆件、冰器皿等能够展现出个性化的艺术魅力。

生日宴会冰雕

冰版画艺术

冰版画艺术是一种独特的艺术形式。冰版画创作者结合传统的版画技巧和现代的艺术理念，创作出具有北方地域特色的视觉艺术作品。冰版画具有独特性和唯一性，还具有很强的季节性和地域性。它与北方的冰雪文化紧密相连。

制作冰版画

雪雕

《雍正十二月行乐图·腊月赏雪》局部（故宫博物院藏）

历史溯源

雪雕是以雪为材料砌筑、堆塑、雕镂出的供人观赏或兼具观赏与实用价值的造型艺术。雪雕质地洁白如玉，题材包罗万象，造型千姿百态，制作巧夺天工。雪雕最初叫雪塑，是由古代的堆雪人发展而来的。堆雪人、堆雪狮子等活动在宋代已有相关记载。据《东京梦华录》记载，北宋富贵人家“遇雪即开筵，塑雪狮，装雪灯，以会亲旧”。南宋的豪门贵族同样如此。据《梦粱录》记载，南宋杭州的“豪贵之家，如天降瑞雪，则开筵饮宴，塑雪狮，装雪山，以会亲朋，浅斟低唱，倚玉偎香……”在宋代皇宫中，雪狮由专业的工匠制作，并且用金铃和彩色丝帛进行装饰，大气端庄。据《武林旧事》记载，南宋时期，“禁中赏雪，多御明远楼，后苑进大小雪狮儿，并以金铃彩缕为饰，且作雪花、雪灯、雪山之类，及滴酥为花及诸事件，并以金盆盛进，以供赏玩”。

▶ 《乾隆帝岁朝行乐图轴》局部（郎世宁，故宫博物院藏）

▶ 《堆雪狮子图》（局部），俞明 1921 年绘（美国大都会博物馆藏）

清代不仅有史料记载，还有西洋画家写实的绘画。郎世宁所绘制的《弘历雪景行乐图》等作品中有皇子们堆塑雪狮的画面。乾隆还专门为皇子们嬉戏打闹、堆塑雪狮写过诗："崇牙并列猛趪趪，茸蹄却逊险腾迅。耏尾犹蕤闪灼光，砌塑争听儿女闹。"

当代雪雕从民俗上升为艺术是从 1963 年哈尔滨举办的第一届冰灯游园会开始的。哈尔滨第一个供多数人观赏的雪雕是 1963 年哈尔滨第一届冰灯游园会上由哈尔滨艺术学院美术系雕塑专业的四名学生用天然雪雕塑的大象。这个雪象是用原始的堆雪人的方法制作的，加了某些替代材料，具有一定的艺术性。这个雪雕作品名为《万象更新》。

改革开放之初，从 1980 年开始，黑龙江省的冰雪艺术家多次代表中国

◀ 雪雕作品《万象更新》

▲ 参赛人员，左起杨世昌、加拿大女翻译、王丽生、铁恩厚

▲ 雪雕作品《哪吒闹海》

参加国际雪雕比赛，不仅为祖国争得了荣誉，还向人们传递了国外雪雕信息。1980 年，王丽生、铁恩厚、杨世昌参加加拿大魁北克国际雪雕比赛。他们的雪雕作品《哪吒闹海》获得了“创新奖”。《哪吒闹海》中的哪吒一手高举乾坤圈，一手紧抓龙头，意气风发，洋溢着喜悦之情。这个生动别致的雪雕作品吸引了众多外国朋友前来参观。

1982 年，杨世昌、曲维葆、黄兆源、王丽生创作的《飞天》获得日本札幌国际雪雕比赛 B 组冠军。1984 年，杨世昌、王松引、金在坤创作的《家族》获得加拿大魁北克国际雪雕比赛第二名。

哈尔滨雪雕逐渐发展起来。1988 年，在第五届哈尔滨冰雪节筹备期间，哈尔滨接连下了几场大雪，银装素裹，太阳岛内更是积雪盈尺。

为了给冰雪节增加活动内容，时任太阳岛风景区管理处处长的张百令在领导班子的支持下抓住有利时机，组织全处170多名职工在7天的时间里收集积雪、制作雪雕。职工们用铁锹、斧头、菜刀、炉铲等工具在太阳岛公园内太阳湖及其南岸制作了老寿星、大象、梅花鹿、北极熊、狮子、熊猫等近20个雪雕。其中，梅花鹿和北极熊最引人注目。这既美化了园区，又吸引了游客前来观赏。

1989年1月，41个队（123人）参加的首届群众雪雕比赛在太阳岛公园成功举办，产生了《春之声》《月亮神》等41个雪雕作品。这些作品和太阳岛职工制作的雪雕一起构成了展品，将太阳岛公园装扮得格外美丽。在展出的20天时间里，国内外3万多游客前来观赏了雪雕。这次活动唤起了冰城人对雪雕创作的热情，改变了太阳岛冬季冷清的局面，填补了哈尔滨冰雪节有冰无雪的空白，标志着我国雪雕艺术的兴起。

▲ 1989年1月太阳岛风景区职工宋运军制作的《北极熊》获首届雪雕比赛佳作奖

▲ 来自全国各地的游客欣赏雪雕

1991年秋，太阳岛风景区管理处在市政府的大力支持下，得到了专项拨款，从加拿大购进了哈尔滨市第一台造雪机，改变了哈尔滨无机械制雪的历史，使雪雕的原料和质量有了进一步保证，雪雕进入快速发展期。1993年，第五届雪雕游园会首次部分使用了人造雪，制作了14米高的古城堡，这是哈尔滨也是我国第一个雪建筑。1993年秋，第二台造雪机进入太阳岛，雪雕游园会的规模得以进一步扩大。

1995年，哈尔滨太阳岛举办了首届全国雪雕比赛。

▲ 第七届雪雕游园会用人造雪制作的雪建筑《天下第一关》

1996 年，哈尔滨太阳岛举办了国际雪雕比赛。

1997 年，第九届雪雕游园会以“香港回归、97 中国旅游年”为主题。雪雕游园会第一次有了属于自己的主题。

1998 年，哈尔滨召开的第八届国际北方城市会议，为雪雕艺术的发展提供了良好的契机。第十届雪雕游园会的用雪量已达一万立方米。

由于人造雪展出时间长，在第十一届雪雕游园会上，主办方在园内安装了照明设备，雪雕昼夜都可观赏，闭园时间得到延长。雪雕的发展推动了哈尔滨冰雪艺术的升级。

1999 年开展的“新千年庆典活动”标志着哈尔滨雪雕进入繁荣期。

2000 年，雪雕游园会正式更名为“太阳岛国际雪雕艺术博览会”（简称“太阳岛雪博会”）。

◀ 雪雕作品《三个和尚》

▲ 太阳岛雪博会

雪雕艺术

雪雕是雕刻艺术的一种形式，将雪作为塑形的材料。雪雕艺术家运用铲刀、雪锯等工具，将雪块雕刻成各种立体造型，创作出具有艺术价值的作品。雪雕不仅要求艺术家具备精湛的技艺，还要求艺术家在雪质最佳、气温适宜的短暂窗口期完成创作。雪雕艺术的发展分为自然雪堆塑雕刻和人造雪压实雕刻两个阶段。

从 1963 年第一届冰灯游园会开始到 1989 年，哈尔滨雪雕主要以自然雪堆塑和局部雕刻为主。1991 年秋，哈尔滨市政府从加拿大购进了第一台造雪机，这使得雪雕的原料和质量有了一定的保证。哈尔滨雪雕艺术因而进入快速发展期。

▲ 天然雪雪雕作品

▲ 人工造雪雕刻作品，第四届太阳岛雪博会雪雕大赛作品《东北民谣》

▲ 人工造雪雕刻作品，第十五届太阳岛雪博会雪塑《牧羊女》

▲ 人工造雪雕刻作品，第十六届太阳岛雪博会主雪塑《东郡出行》

▲ 造雪机工作场景

人工造雪雪雕创作一般分为四个步骤，即造雪、设计、堆雪和雕雪。

首先是造雪。为了确保雪雕作品的质量和稳定性，雪雕艺术家通常使用人造雪而非天然雪。人造雪具有黏性大、水分高、雪质纯净的特点，易于雕刻，且不易风化。造雪机昼夜不停地工作，工作人员根据天气情况实时调整造雪设备，以确保在合适的温度下完成造雪任务。

其次是设计。雪雕艺术家根据自己的创作确定题材后，通过绘制、制作小稿或进行 3D 建模等方式，确定作品的尺寸。

再次是堆雪。造雪完成后，工作人员根据设计图纸，使用木质结构框架来堆砌雪坯。雪在框架中自然沉降压实，形成坚固的雪坯。这一步骤确保了雪坯的稳定性和形状的准确性。

◀ 太阳岛堆雪板框

◀ 在模板内堆雪、压实

◀ 去掉模板的雪坯

最后是雕雪。在堆雪完成后，雪雕艺术家开始对雪坯进行雕刻。雪雕的制作通常包括设计图纸、粗雕、细雕和打磨四个步骤。雪雕艺术家首先使用斧子和铲子打出轮廓，然后进行细节雕琢。雕刻顺序通常是由上而下。雪雕艺术家往往注重形态和力学的结合。复杂的作品需要提前预留雕刻余料，以防止作品损坏。

▼ 在创作过程中的大型雪雕

▼ 国际雪雕比赛使用标准雪坯的创作场景

造园艺术

市政园林的镶嵌：兆麟公园历届冰灯游园会的规划

兆麟公园是哈尔滨冰灯游园会举办之地。

规划设计是从第二届冰灯游园会开始的。参加过第一届冰灯游园会、从哈尔滨市建设局勘察测量大队调来的张永滨和哈尔滨艺术学院毕业生杨世昌负责总体规划设计工作。王丽生等人对松花江天然冰进行了抗压、抗拉、抗剪等各种物理性能实验，得出了冰在低温条件下可以做建筑材料的结论。园林雕塑师用简单的工具雕刻出小冰人，证明了冰具有可塑性。第二届冰灯游园会以天然冰为主、以人工冻制冰为辅进行规划设计。第二届冰灯游园会增加了冰雕和冰建筑的比例。在第二届冰灯游园会规划设计过程中，规划设计人员使用纸板，按比例绘制出冰景观的单体立面效果图，将单体立面效果图剪下来粘贴在公园平面图上。这就如同模型一样，一目了然。这种做法在历届设计方案中保持多年。

▼ 早期的兆麟公园

▲ 兆麟公园冰灯游园会导游图

经过前两届冰灯游园会的摸索和专业人员的介入，第三届冰灯游园会结合游园季节和景观特点，进行了分区布局，采取了两区一园分配方式，进行疏密处理，适度设置滑梯等游乐设施，注重体验和运动。

在主题上，冰灯游园会往往围绕当时的社会主旋律和大事件，运用传统造园技术中移步换景、有露有藏的方式进行造景。比如，第五届冰灯游园会规划设计的中心内容是反映“四个现代化”，以艺术的形式来表达内容。

2013 年，兆麟公园进行了升级改造，拆了一些现代建筑，翻新了冰雪艺术广场，增添了林荫广场、休闲广场等，增添了路灯。2022 年，兆麟公园进行了修复，补植了榆树、柳树、丁香、海棠、蒙古栎等，恢复了原有的生态景观功能。兆麟公园为各种冰雕大赛提供了场地，成为冰雕艺术家的乐园。

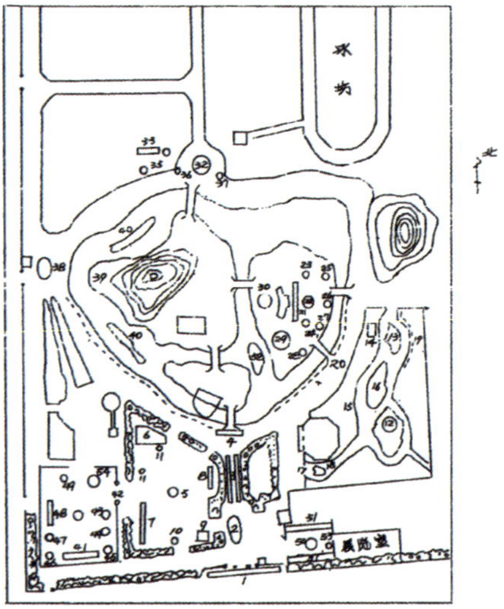

▲ 第三届冰灯游园会规划图

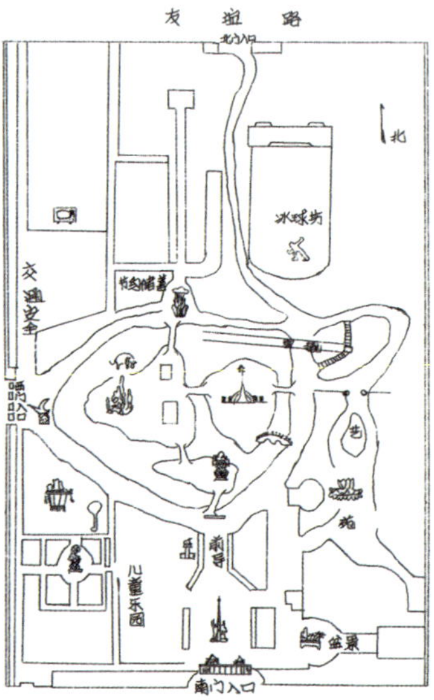

▲ 第五届冰灯游园会规划图

▲ 兆麟公园升级修缮后的航拍照片

郊野公园的盛宴：太阳岛国际雪雕艺术博览会

哈尔滨市太阳岛原为松花江中的沙洲。后来，太阳岛营建了疗养院和浴场，逐渐发展为度假胜地。

▲ 太阳岛营建的疗养院和浴场

1958 年，哈尔滨市开始在太阳岛围堤内警备路北侧修建太阳岛公园，太阳岛公园是新中国成立后太阳岛内最早建设的文化休闲公园。20 世纪 80 年代，太阳岛风景区陆续修建了水阁云天、太阳湖、太阳山等景观。

2001 年 6 月，太阳岛冰雪艺术馆对外开放。

2003 年，哈尔滨市对太阳岛进行为期 3 年的大规模整治改造。在这

▼ 太阳岛浴场

▲ 1959 年太阳岛规划总平面图

次改造前，政府还迁出了太阳岛内 400 余户居民和 64 家单位。太阳岛真正成为一个专有的旅游休闲区。

太阳岛多面环水，植被茂密，在冬季容易出现雾凇景观，降雪也易于堆积。从 1988 年太阳岛职工的雪雕比赛到 1989 年的哈尔滨雪雕游园会，再到太阳岛国际雪雕艺术博览会，体现了太阳岛风景区的规划从自发到自觉、从点到线、从线到面的逐步升级的特点。太阳岛风景区逐渐发展为雪

▲ 第28届太阳岛雪博会寻梦哈尔滨景区规划总平面图

▶ 太阳岛雪博会

▶ 由俄罗斯艺术家创作的《雪娃迎宾》

雕专业景区。一年一度的太阳岛国际雪雕艺术博览会（以下简称“太阳岛雪博会”）以巧夺天工的冰雪艺术、精美绝伦的雪塑冰雕、丰富多彩的文化活动、奇特刺激的娱乐项目吸引了大量的中外游客。

太阳岛雪博会位于太阳岛风景区内，是我国雪雕艺术的起源地，也是目前我国开发最早、规模最大、以雪为主题的冬季主题游乐园。太阳岛雪博会将自然之美与人文积淀巧妙地融合起来，立足于太阳岛自身的特点，按照旅游动态规律，对基础设施进行最大化利用，对环境做到最小破坏，并进行主题化运营。例如，第 29 届太阳岛雪博会以“冬日·恋歌”为主题，通过“冰雪 + 文化”“冰雪 + 旅游”“冰雪 + 科技”的优势组合，实现了冰雪项目多样化。

太阳岛雪博会展示的主要是雪雕作品。太阳岛雪博会每年的主题都不同。例如，第 35 届太阳岛雪博会以“冰雪之都 梦雪奇缘”为主题；第 36 届太阳岛雪博会以“温暖雪博 逐梦亚冬”为主题；第 37 届太阳岛雪博会以“同梦同心·冰雪传奇”为主题。

作为哈尔滨冰雪节的重要组成部分，太阳岛雪博会每年都会展出大量精美的雪雕作品。太阳岛雪博会是哈尔滨冰雪旅游的一大亮点，引领了我国雪雕艺术的发展，成为享誉世界的雪雕艺术的盛宴。

▲ 太阳岛雪博会夜景设计图

▲ 太阳岛雪博会雪块规划平面图

白纸上的狂想曲：哈尔滨冰雪大世界

哈尔滨冰雪大世界始创于 1999 年，是由黑龙江省哈尔滨市政府为迎接“千年庆典神州世纪游”活动而推出的大型冰雪艺术精品工程，展现了哈尔滨市的冰雪文化和冰雪旅游魅力。为迎接新世纪的到来，国家旅游局和中央电视台在世纪庆典之际举办“千年庆典神州世纪游”活动。为了迎接这一盛典，哈尔滨市委、市政府决定，在松花江江心沙滩新建一座大型冰雪主题游乐园，以冰雪艺术形式展现哈尔滨市独特的城市风貌。

首届冰雪大世界坐落于松花江江心沙滩上，设立了“世纪之声”“冒险乐园”“卡通世界”“冰上风情”“雪场欢歌”等景区。园区内的千禧雪龙、世纪钟楼、万里长城、大滑梯等恢宏壮观、精美绝伦。此外，设计团队充分考虑了现代灯光的运用，整个园区在色彩斑斓的灯光映照下时隐时现，吸引着人们前去观赏。首届冰雪大世界获得了圆满成功，成为哈尔滨市冰雪旅游的品牌。

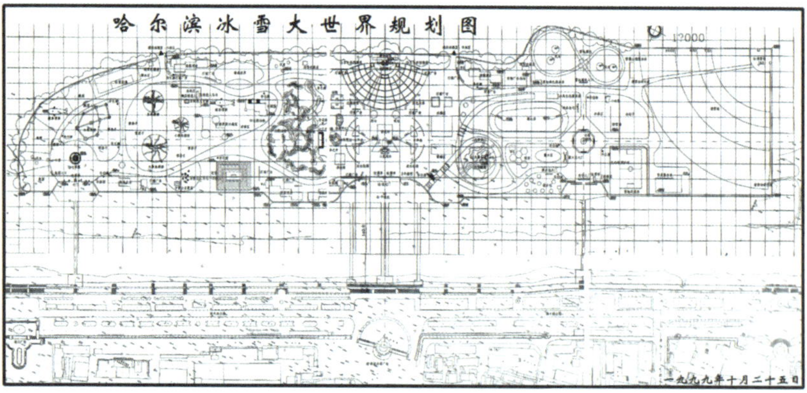

▲ 首届哈尔滨冰雪大世界规划图

▲ 首届哈尔滨冰雪大世界效果图

▲ 首届哈尔滨冰雪大世界实景图

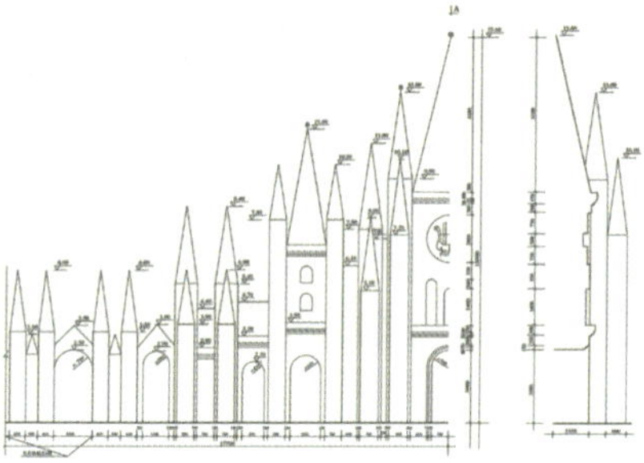

▲ 首届哈尔滨冰雪大世界世纪舞台设计图

▲ 首届哈尔滨冰雪大世界暨第 16 届冰雪节开幕式主会场

第二届冰雪大世界以“走进新时代”为主题，园址仍然设在松花江江心沙滩上，将松花江堤上的斯大林公园纳入园区。全园分为四大区域，数千件冰雪艺术精品矗立在 23 个主题景区。第二届冰雪大世界首次采用“人造小太阳”、激光组合等高科技手段，使夜晚的园区成为绚丽夺目的人间仙境。

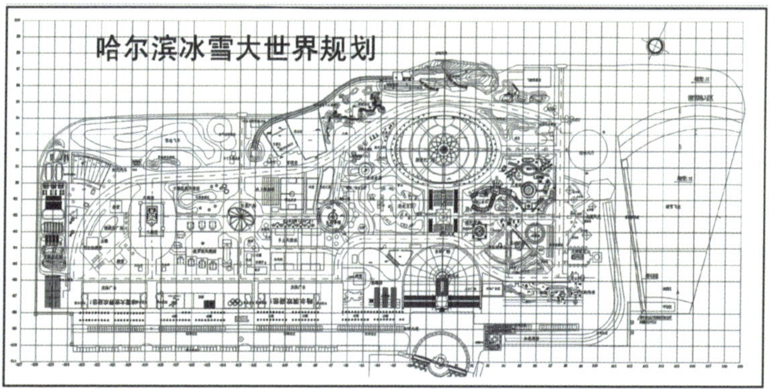

▲ 第二届哈尔滨冰雪大世界规划图

▲ 第二届哈尔滨冰雪大世界效果图

▲ 第二届哈尔滨冰雪大世界实景图

第三届冰雪大世界迁到松花江北岸上坞区哈黑公路东侧。从第四届开始，哈尔滨冰雪大世界有了固定的正式园址，也就是太阳岛西区。园址固定后，冰雪大世界开始建立与完善基础设施和服务设施。园址的固定为冰雪大世界的发展奠定了基础。

2011 年，冰雪大世界开始谋划四季园区。规划设计者利用场地整体地势平缓，以及整体走势东北高、西南低的基本条件，对场地剖面进行了分析，设定了一定的参数。规划设计者根据设定的参数进行规划布局。

功能区包括冰雪主题场馆、热带主题场馆、节庆活动场地、特色娱乐项目，设置公共活动空间、商业服务设施、交通路线。

虽然这次规划没有实施，但是规划设计者对冰雪大世界有了深入了解，对发展方向有了较为明确的认知。时光荏苒，2019 年 9 月 20 日，哈尔滨冰雪大世界四季冰雪项目终于启动。2020 年 4 月 1 日，哈尔滨冰雪大

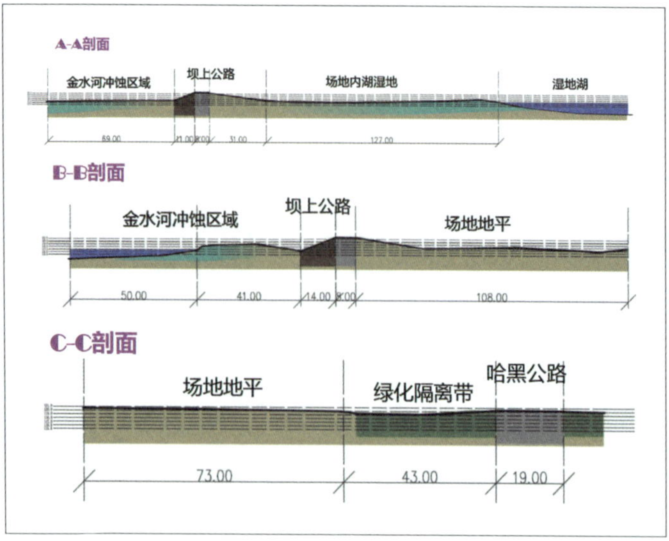

◀ 场地剖面分析图

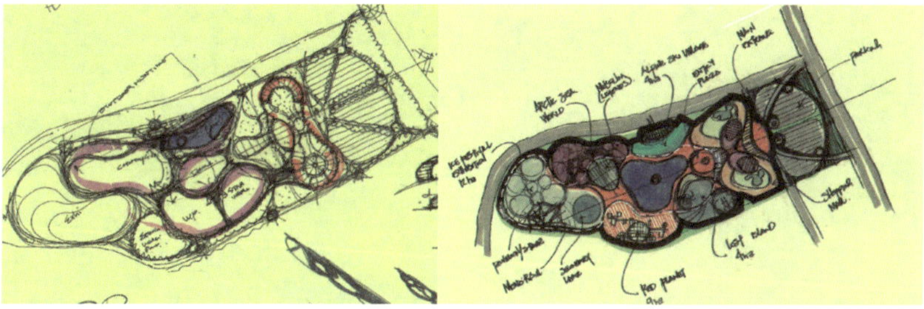

▲ 哈尔滨冰雪大世界四季园区设计图

▲ 哈尔滨冰雪大世界四季园区设计图

▼ 哈尔滨冰雪大世界四季冰雪项目效果图

▲ 哈尔滨冰雪大世界四季冰雪项目效果图

世界四季冰雪项目开工建设，被列为黑龙江省“百大项目”。该项目由中国工程院院士、中国建筑设计院名誉院长崔愷主持设计，建设内容包括滑道堆山、冰山馆、冰雪秀场、摩天轮、梦幻冰雪馆、售检票大厅、商服、后勤用房、景观广场等。四季冰雪项目能够带动冰雪旅游从一季繁荣走向四季皆热。冰雪大世界具备完善的服务配套设施、多元化的商业经营业态、丰富的演艺和娱乐项目，实现全面提档升级，让哈尔滨的冰城形象更加凸显。

哈尔滨冰雪大世界作为国际知名冰雪文化旅游品牌，已成功举办二十六届。第二十六届哈尔滨冰雪大世界以“冰雪同梦，亚洲同心”为主题，共设有冰雪同梦、亚洲同心、东亚区、中亚区、西亚区、南亚区、东南亚区、雪山光影区和冰雪欢乐汇区九大分区。园区设计和建设充分融入了2025年第

▼ 哈尔滨冰雪大世界四季冰雪项目效果图

▲ 哈尔滨冰雪大世界四季冰雪项目建设场景

▲ 哈尔滨冰雪大世界四季冰雪项目建成实景

九届亚洲冬季运动会的元素。第二十六届哈尔滨冰雪大世界为广大游客打造出一座气势恢宏、美轮美奂的冰雪主题乐园。广大游客在感受哈尔滨冰雪风光独特魅力的同时，享受到了冰雪活动带来的别样欢乐与惊喜。

哈尔滨在 2023 年至 2025 年冰雪季迎来了冬季旅游的井喷式发展。冰雪大世界成为世界冬季旅游胜地，惊艳了世界。美国驻华大使伯恩斯对冰雪大世界赞不绝口，称冰雪大世界是“艺术、创新和绝对雄心的结合，真正令人折服”。冰雪大世界令全世界为之喝彩。

天然冰场的浪漫：松花江冰雪嘉年华

松花江冰雪嘉年华是集公益性、参与性、趣味性、娱乐性于一体的冰雪主题乐园。游客可以近距离体验哈尔滨独特的冰情雪韵，充分领略哈尔滨的独特魅力。松花江冰雪嘉年华项目秉承“一条松花江，两岸风景线”的设计理念，规划设计了占地面积 110 万平方米的核心区、占地面积 209 万平方米的拓展区，以及长 12.3 千米的遨游线。松花江冰雪嘉年华创建了第一大天然生态大冰场，第一次在中国七大水系干流助力“三亿人参与冰雪运动”。松花江冰雪嘉年华核心区分为中心活动区、动感机车区、雪人联欢区、公益活动区四大区域，场景恢弘大气，给人以前所未有的体验和震撼。

首届松花江冰雪嘉年华于 2019 年 1 月 1 日开园，历时 48 天，累计接待游客 210 余万人次。《2019 春节出游总结报告》显示，松花江冰雪嘉年华位列春节期间我国东北地区热门景区之首。“2020 中国·哈尔滨松花江冰雪嘉年华”创造了“中国面积最大的冰雪乐园”大世界基尼斯纪录。

2022 年 8 月 19 日，第 19 届中国户外传播会、第七届金场景营销案例颁奖大会在无锡召开。哈尔滨松花江冰雪嘉年华“和平精英”主题园区荣获银奖。

▼ 首届哈尔滨松花江冰雪嘉年华规划图

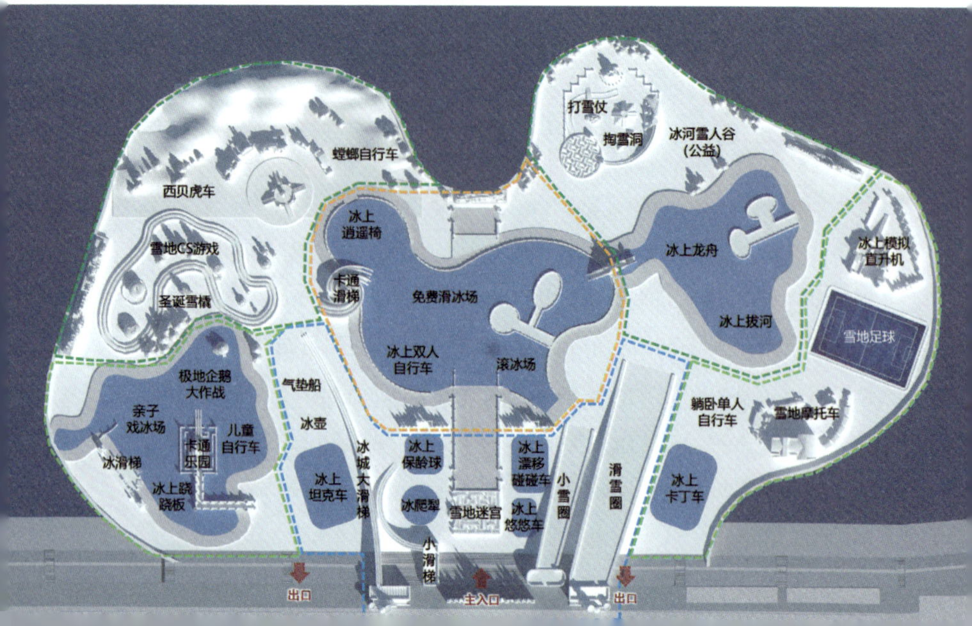

▲ 第二届哈尔滨松花江冰雪嘉年华规划图

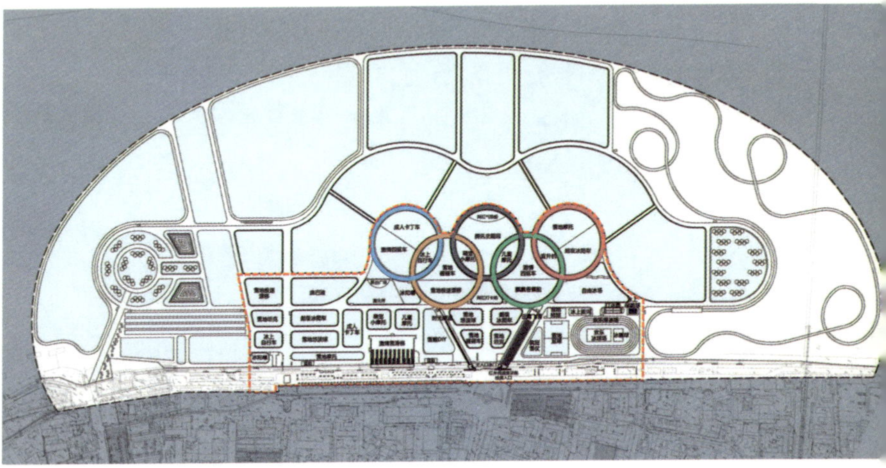

▲ 第三届哈尔滨松花江冰雪嘉年华规划图

2025 年，第七届哈尔滨松花江冰雪嘉年华以“快乐冰雪·同梦亚冬”为主题，为热爱冰雪的广大游客打造了具有娱乐性、参与性、体验性的“娱、乐、游、品”四位一体的冰雪乐园，吸引更多的游客积极参与冰雪运动。

哈尔滨松花江冰雪嘉年华通过不断发展与创新，已经成为继冰雪大世界、太阳岛雪博会后哈尔滨全力打造的第三张冰雪旅游名片。

冰雪娱乐

冰雪民俗运动

冰天雪地的哈尔滨是冰雪民俗运动的胜地。哈尔滨的冰雪民俗运动有打爬犁、冬泳、蹬“脚滑子”、乘冰帆等。

打爬犁

爬犁，又称扒犁、扒杆、雪橇、冰床、拖床、柁床，满语称为法喇。清代阮葵生的《茶余客话》卷十三记载道：“法喇，似车无轮，似榻无足。覆席如龛，引绳如御。利行冰雪中，俗呼扒犁。以其底平似犁，盖土人为汉语耳。”这段文字形象地描述了爬犁的形制、构造，解释了爬犁得名的缘由、使用的环境和场合等问题。爬犁制作简单，多用韧性较强的柞木、椴木、桦木和榆木制成。

《黑龙江外集·卷四》称爬犁“制如凌床，而不施铁条，屈木为辕，驾二马，行雪上疾于飞鸟”。在制作爬犁时，人们通常选取两根三米多长的木杆，将一端用火烧烤，使其高高翘起，将其用作辕子；将另一端触地平直的部分钉上横杆，加上支柱，做成车厢，车厢可以坐人，也可以装货。爬犁有辕有底，无轮毂，靠两根光滑木杆在冰雪地上滑行。可以说，爬犁主要是针对东北地区冬季漫长、雪多冰厚的自然环境而创造出来的便捷工具。特别是在山高林密、沟壑全被冰雪覆盖的地区，爬犁的使用更为广泛。东北有“十一月，大冷天。跑爬犁，雪炮烟”这样的民谣。

哈尔滨载人爬犁始于辽金，兴于明清，又称雪橇，为冬季使用的客运工具之一。其贴地面部分为两根硬质圆木或方木，俗称爬犁脚，每根爬犁脚上通过卯榫固定立柱两根；立柱上通过卯榫横置硬质圆木或方木两根，称爬犁梁，上铺木板；木板四周有挡板，呈半截厢式状，厢内置两排对坐或顺座。

1916 年 2 月《远东报》记载道：“本埠冬令，冰雪满地，则爬犁通行，马车即为减价，日来无甚大雪，然街衢间已一白如银，爬犁往来自如，势足分马车之利益云。”那时，拉客的爬犁多是马拉的俄式爬犁。那时还有

▲ 哈尔滨冰爬犁

狗拉的爬犁。1927 年，我国著名女作家陈学昭在经西伯利亚去法国时曾在哈尔滨暂住，她去苏联驻哈尔滨领事馆办签证时就是坐的狗拉的爬犁。她说："我们坐了一辆不是用马拉，而是用狗拉的车。车子很小，只能坐两个人，由一个人驾着，本地人叫作'爬犁'，狗拉着车，好像并不费力，其实是车在冰雪路上滑过去的，滑得非常快。"

哈尔滨解放后，冬季松花江上仍有人用爬犁载客，往返于道里、道外、太阳岛之间。太阳岛通往道里、道外的爬犁滑道有四五条，当时有专人管护，他们负责清雪浇水，保持滑道的光滑和畅通。支爬犁的人多是太阳岛居民，他们平日以摆船为生，在冬天封江后就靠支爬犁来维持生活。他们用一头带铁钎的撑子，费力撑滑，在江面滑道上来回运客。著名文学家刘白羽曾说他在哈尔滨解放初期坐过这种爬犁。他在一篇回忆哈尔滨之冬的散文中说："雪橇像一辆马车的车厢，不过没有马拉，而是在厢边底下安置了两条钢条，有如两根铁轨。我上了雪橇，橇上陈设得也十分考究，座位上铺了厚厚的一块狼皮，你一坐下，车夫又在你腿上盖了一块羊皮……他两条腿像柱子一样，站得笔挺，然后把握在手上的长矛钢尖向冰上一点，爬犁就在光滑的冰面上飞快地滑行起来。”改革开放后，在每年冬季冰雪节，松花江江面上都有旅游爬犁出现。

冬泳

冬泳是指冬季在室外水域（包括江、河、湖、海等自然水域与水库等人工水域）自然水温下的游泳。以水温为标志，全国冬泳可划分为四个层次区。气温以 17℃作为冬泳的起点；水温以 8℃作为冬泳的冷度标志。17℃以下的水温给人以冷感。低于 8℃的水温则使人产生冷、麻、强冷刺激的感觉。

▲ 冬泳

冬泳是集冷水浴、空气浴与日光浴于一体的“三浴”。江河湖海中丰富的矿物质与微量元素、空气中的负氧离子、日光浴中的紫外线等对健身、供氧、预防骨质疏松等都十分有益。

哈尔滨是我国最早开展群众性冬泳活动的城市。1978 年，哈尔滨总工会工人江上体育俱乐部在松花江上第一次举办冬泳表演。

1983 年，第一批冬泳爱好者成立了哈尔滨市冬泳协会。哈尔滨市政府委托哈尔滨市总工会江上运动站对冬泳活动进行组织、指导和管理。冬泳活动从自发地进行走向有组织地开展。1985 年，冬泳被列为哈尔滨首届冰雪节主要项目。

蹬“脚滑子”

“脚滑子”是东北地区农家常见的工具，主要用于冬季。随着时代的变迁，蹬“脚滑子”已成为东北地区传统的滑雪运动。

“脚滑子”的制作非常简单，它由木板、铁丝和绳子组成。它对木板的材质没有要求，木板只要结实耐用即可。人们首先找两块木板，将木板锯成和鞋底大小差不多的简单形状，在木板上安上两根用铁丝做成的“滑条”，在木板凸起的前端钉上两个或三个钉子，用钉子的钉帽当“牙”，用这个“牙”来咬住冰雪路面，增大助跑摩擦力，再用麻绳或布条紧紧地把“脚滑子”绑在脚上。蹬“脚滑子”是几代人少年时期的快乐回忆。

第十九届太阳岛雪博会举行了雪野狂欢。雪野狂欢是在太阳岛雪博会开幕式后举行的大型狂欢活动，以蒙特利尔冰雪狂欢先生为主角，配以吉祥物加加熊、发财猪等可爱的卡通形象。同时，2000多名脚穿“脚滑子”、头戴卡通面具的人组成了狂欢队伍，在场地内沿跑道尽情地滑行狂欢。人们在浓郁的异域氛围和缤纷的色彩中重温儿时嬉戏的欢乐。

▲ 少年穿上“脚滑子”

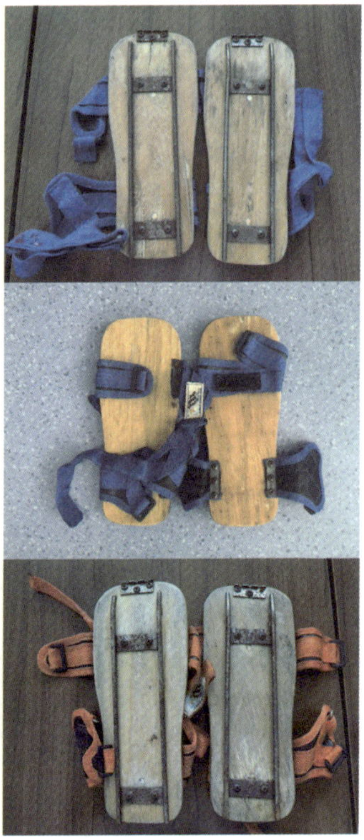

▲ 脚滑子

乘冰帆

冰帆是在冰上航行的体育项目，是北方独有的一种冰上运动项目。冰帆形似帆船，以帆、舵、滑刀为主，靠风力在冰上滑行。冰帆既能顺风前进，又能逆风返回。舵手可以随意调整方向。

哈尔滨冰帆运动始于20世纪20年代中期。居住在哈尔滨的俄侨在冬季常以乘坐冰帆为乐趣。1932年冬，松花江上常有4至5支俄侨冰帆在江上飞驰。1979年，哈尔滨市体委江上体育活动办公室成立，重新开展江上冬季体育活动。这年冬季，除哈尔滨市内冰帆爱好者乘坐冰帆外，外地旅游者也试坐冰帆。1990年冬季，哈尔滨市体委江上体育活动办公室与哈尔滨市江上体育俱乐部共有15支彩色冰帆，冰帆每天都在松花江江面上飞驰。

在冰封的江面上，迎着呼呼的北风，乘坐五颜六色的冰帆，游览北国风光，别有一番情趣。

▲ 松花江上的冰帆比赛

冰雪电影节

哈尔滨冰雪电影节从1989年开始举办，最初叫“哈尔滨冰雪电影艺术节”，从创办之初始终贯彻“推崇精英之作，抵制低劣平庸，繁荣电影市场，呼唤亿万观众”的理念。哈尔滨冰雪电影节的历史早于上海电影节、长春电影节、金鸡百花电影节三大电影节。哈尔滨是中国举办电影节时间最早和历史最长的城市。哈尔滨冰雪电影节的创办为哈尔滨在20世纪80年代赢得了“电影之城”的美誉。

1989年，首届哈尔滨冰雪电影节邀请了二十多位当时很有名气的电影明星，包括李秀明、张瑞芳、达式常、葛优、梁天、严晓频等。全国11家电影制片厂参加了这一盛会。剧组也纷纷带着影片来参加这一盛会。从第二届开始，冰雪电影节举办了“冰雪杯”优秀国产影片评选活动。哈尔滨数十万观众参与投票，参加人数创地方电影节之最。第五届冰雪电影节的闭幕式是在北京人民大会堂举办的。电影《刘少奇的44天》获得金奖，王光美亲自为剧组颁发了奖杯。

为了丰富中学生的寒假生活，第十六届哈尔滨冰雪电影节举办了少儿题材故事片展。另外，这次电影节还推出了有新意、有特色的电影活动，如“我最喜爱的电影演员”观众评选活动、电影知识有奖问答活动、电影歌曲卡拉OK大奖赛等。这些活动都具有较强的趣味性和参与性。

第二十届哈尔滨冰雪电影节适逢2008年北京奥运会，推出了“迎奥运”优秀体育影片展、中小学生电影展、世界经典影片回顾展，还举办了电影知识有奖征答活动、“电影情怀”有奖影评征文活动。

第二十一届哈尔滨冰雪电影节以“贺岁”、迎“大冬会”、纪念改革开放、“欢乐寒假”四大主题影片展为主要内容。

第二十二届哈尔滨冰雪电影节举办了贺岁影片展、“纪念澳门回归十周年”优秀影片展、“欢乐寒假”中小学生优秀影片展。

第二十三届哈尔滨冰雪电影节开创性地提出了“华语电影产业盛典”这一全新概念。

▲ 第十届哈尔滨冰雪电影节新闻发布会

第二十四届哈尔滨冰雪电影节举办了“行业关注”入围电影展映、新片“先声”发布会等系列活动。

哈尔滨冰雪电影节以冰雪为媒，开辟电影片源，吸引电影观众，构建了演员与观众之间、电影生产者与消费者之间的桥梁，对克服电影市场疲软、实现电影振兴发挥了重要作用。哈尔滨冰雪电影节促进了我国电影产业的发展，向观众展现了哈尔滨开放包容的城市形象，提升了哈尔滨的知名度。

冰雪摄影艺术

冬天的哈尔滨，玉树琼花，美不胜收。哈尔滨人很早就关注到冰雪之美，利用摄影技术记录了冰雪之美。新中国成立前，记录冰雪之美的照片多由生活在哈尔滨的侨民所拍摄。新中国成立后，中国人的冰雪摄影逐渐走上舞台。

▶ 民国时期雾凇里的哈尔滨圣尼古拉大教堂

▲ 大雪过后的哈尔滨大直街街景

在 1953 年首届全国冰上运动会上，对冰雪运动进行摄录成为新闻报道及冰雪运动爱好者进行记录与报道的主要手段。在 1963 年的冰灯游园会上，新闻人和摄影人发现了冰灯及冰雪题材的特殊魅力。在当时的条件下，大部分照片是黑白照片。但也有个别例外，哈尔滨市文化局创作室的创作员崔彦勤和新华社驻黑龙江分社记者宋挥拍摄了一些彩色照片。

▲ 冰灯游园会彩色照片

▲ 冰灯游园会彩色照片

虽然当时是计划经济时代，但是哈尔滨冰灯照片作为商品已经开始宣传发行。譬如，由兆麟公园代管的城建资料摄影部的韩昭宽、左学仁把第二届和第四届哈尔滨冰灯游园会的冰灯照片制作成带有“哈尔滨冰灯游园会”字样的贺年卡进行出售。这获得了良好的宣传效果，为哈尔滨冰灯走出城市、迈向全国、走向世界奠定了基础。

▲ 贺年卡

▲ 第二十四届哈尔滨冰灯游园会纪念卡

▲ 1987年哈尔滨冰雪节期间，美国《看东方》电视节目主持人靳羽西特地从大洋彼岸赶来参加，并作了专题报道

随着改革开放的推进与哈尔滨冰雪节的创办，冰雪题材更加丰富，从事冰雪摄影的人急剧增加。港澳同胞及国外友人也从事冰雪摄影。

政府和行业管理机构进行适时引导，创办协会，出版刊物，开展比赛和展览活动，冰雪摄影得到不断发展。冰雪摄影传达的是摄影者对冰雪的认知和情感。冰雪摄影为体验独具魅力的冰雪文化创造了条件，为冰雪旅游增添了新的色彩，对城市宣传起到了重要作用。

冰雪绘画艺术

北大荒版画

北大荒版画是我国版画的一个重要流派，在创作题材与艺术手法上都有很大的创新，成为我国三个最重要的版画流派之一，展现了极具东北特色的地域文化。

北大荒版画改变了我国木刻以黑白为主要色彩的传统，更多地使用色彩作为主要的造型手段，增强了套色版画的艺术感染力。北大荒版画作品不仅具有艺术价值，还具有史学价值。白山黑水的北大荒是冰雪的故乡，所以冰雪成为北大荒版画创作的重要主题。冰雪题材的北大荒版画以其独特的艺术风格、丰富的色彩和深刻的文化内涵，展现了北大荒地区的自然美景和人文情怀，具有重要的艺术价值和史学价值。

郝伯义是北大荒版画中表现冰雪艺术的代表人物之一。他的作品，如《雪后》《踏江行》等，通过细腻的刻画手法和丰富的色彩，展现了北大荒冬日的壮美景色。例如，《雪后》以湛蓝的天空为背景，呈现出宁静而美丽的画面。

▲ 冰雪题材的北大荒版画

▲ 冰雪题材的北大荒版画

▲ 冰雪题材的北大荒版画

▲ 冰雪题材的北大荒版画

于志学冰雪画

于志学于1935年出生于黑龙江省肇东市，系冰雪画创始人。于志学自1960年开始研究雪景画，在技法上创造出“雪皴法、泼白法、重叠法、滴白法、排笔法、光栅法”，以及“画山无石、画林无树、画树无枝”的三无画法；在理论上提出“南黑北白、南虚北实、南以石画山、北以树画山”和“墨有韵、白有光”等新的美学思想，创造了冰雪画。冰雪画以其特有的艺术语言和独特的技法，表现了“冷逸之美”等冰雪美学的核心思想，填补了传统中国水墨画一千多年来不能直接画雪更不能画冰的空白，使传统中国画的表现对象由山、水、云、树拓展为山、水、云、树、冰雪，创立了中国画“白的体系”。

▲ 于志学先生在进行冰雪画教学

▲ 冰雪画

20世纪80年代，冰雪画创始人于志学创建了全新的中国画艺术流派，即冰雪画派。其艺术宗旨是“继承不是重复，一切在于创造”。冰雪画派以黑龙江画家为源头辐射到东三省及全国，以创建“冷文化”美学体系为目标，以“冷逸之美”为审美核心，以原创独特的矾墨技法为主要的艺术手段，表现冰雪题材和具有“冷文化”意味的形象。他们以弘扬博大深邃的北方文化、展示北国多姿多彩的冰雪自然风光为主旨，以强大的艺术阵容、饱满的激情，创作了一幅幅富有北方文化韵味、新颖独特的冰雪画作品。

冰版画

冰版画是哈尔滨独有的艺术门类，由哈尔滨市美协副主席朱晓东创立。冰版画是把水墨初稿画在一张平整的冰块上，利用刀、铲等工具进行雕刻，再涂上调好的颜料，然后把宣纸附在冰面上拓出的画。传承这项技艺的人不仅要具有深厚的绘画功底，还要掌握纯熟的雕刻技艺。冰版画具有传统版画黑白反差大、构图简洁、线条明快的特征。冰块在材质上兼有木版、石版、铜版的优点，适于用刀，具有丰富的表现力。冰版画是对中国传统套色木刻程序和观念的突破，是一个新画种。

冰版画是哈尔滨冰雪艺术中一种极具冰城地域特色的艺术。哈尔滨是中国冰雪艺术的摇篮，哈尔滨用半个世纪的时间雕琢出不同凡响的中国冰雪故事，这个故事里的每一幅冰版画都是独一无二的。

◀
冰画师朱晓东

▲ 朱晓东先生的冰版画作品

▲ 朱晓东先生的冰版画作品

冰雪经济

冰雪赛事经济

作为中国冰雪旅游十佳榜首城市的哈尔滨，向世界展示着冰雪文化之都、双亚冬之城、奥运冠军之城的自然之美、人文之美和运动之美，持续擦亮“冰世界，雪天下”的城市名片。从 1953 年全国首届冰上运动会开始，哈尔滨举办了市级、省级、国家级、世界级的体育赛事，以体育赛事推动城市发展。

赛事经济具有联动性、聚合性、主导性等特点。哈尔滨具有丰富的冰雪资源、广泛的群众基础和较强的品牌影响力。每一次冰雪赛事都为哈尔滨冰雪事业的发展添砖加瓦，带动了冰雪体育产业的发展，提高了哈尔滨的影响力，促进了哈尔滨经济的发展。

▲ 第一届全国冰上运动会在哈尔滨八区体育场举行，图为建设后的八区体育场

▲ 2009 年第 24 届世界大学生冬季运动会在哈尔滨举行，图为火炬传递

2024 年，哈尔滨市人民政府印发了《中国—上海合作组织冰雪体育示范区哈尔滨核心区建设推进实施方案》。《中国—上海合作组织冰雪体育示范区哈尔滨核心区建设推进实施方案》提出了发展目标：到 2025 年，建成哈尔滨示范区总部基地，建立健全哈尔滨示范区管理体制和运行机制；积极打造 IP 赛事、国际洲际赛事、国内重大赛事和群众体育赛事等冰雪运动全赛事体系，冰雪体育示范效应初显，品牌形象基本形成。这为哈尔滨冰雪赛事的发展描绘了新的蓝图。

冰雪文创经济

1959 年，反映哈尔滨冰上运动的电影《冰上姐妹》上映。1963 年，哈尔滨举办了首届冰灯游园会。人们开始制作有关冰雪的年历、贺卡等文创用品。1964 年，中央新闻纪录电影制片厂拍摄了第一部反映哈尔滨冰灯的新闻纪录片《冰灯》。20 世纪 80、90 年代，大量冰雪题材的影视剧涌现出来，如《冰美神在融化》《冰魂曲》《冰球世家》《冰上小虎队》等。这些影视剧从不同侧面反映了哈尔滨的冰雪文化、冰雪人物、冰雪故事，获得了良好的社会效益和经济效益。

在冰雪题材影视剧热播的同时，影视人也走进冰城。大量的影视剧以哈尔滨的冰雪风光、冰灯景观作为影视镜头。影视剧的创作为冰雪旅游的发展奠定了坚实的基础。

▲ 长春电影制片厂摄制的《冰上姐妹》电影海报

▲ 1987 年冰雪节期间召开的“1987 年冬季全国服装展销会”，图为美术馆变“商场”

▲ 哈尔滨路边堆满准备制作冰雕的冰块

▲ 哈尔滨冰雪大世界制作的《冰雪王者》雪雕场景

近年来，时尚的冰雪服装、精美的冰雪陶瓷、晶莹剔透的冰雪琉璃、巧夺天工的冰雪版画等大放异彩。各种音乐作品、游戏场景与冰雪相互融合。比如，游戏《王者荣耀》走入冰雪大世界，成为冰雪王者的最佳诠释。“冰雪元宇宙”等概念的提出把冰城冰雪文创引入新的赛道，开启了冰雪的数字时代。

冰雪装备经济

虽然哈尔滨是我国老工业基地，但是其冰雪装备产业起步较晚。部分五金厂和体育器材企业生产冰刀和轮滑等，后来都在市场发展中转产改行。

哈尔滨工业大学和哈尔滨体育学院在冰雪体育科研方面一直走在我国前列。比如，在人工冰场方面，1960 年，为了设计、建造全国第一个冰球馆，黑龙江省体育运动委员会委托哈尔滨工业大学进行研究设计。当时的暖通教研室教授徐邦裕带领课题组开展了冰球馆冰场模型试验研究。

为了探究冰场原理，徐邦裕曾带领学生在黑龙江省肉类联合加工厂冷库进行实验，研究在零下 15 至 25 摄氏度下冰面硬度与冰面温度、馆内温度等各种因素之间的关系。师生群策群力，总结出实验数据，最终提出了人工冰场的设计方案。当时，全国女子花样滑冰冠军文海美受邀在冰面上试滑。

▲ 哈尔滨工业大学人工冰场课题组成员进行实验

▲ 全国女子花样滑冰冠军文海美在冰面上试滑

▲ 首都体育馆

1966 年 3 月，首都体育馆人工冰场由北京市建筑设计研究院设计施工，徐邦裕将所有实验数据和资料毫无保留地贡献出来。冰场于 1968 年 4 月成功运行，我国第一个标准面积的人工冰场就此诞生。包括体育建筑领域的梅季魁在内的一批课题组成员，正是从那时起步，成为业务骨干。

20 世纪 70 年代，长春、吉林等城市纷纷建造自己的室内人工冰场与速滑跑道，都应用了哈尔滨工业大学的研究成果。可以说，哈尔滨工业大学为我国冰雪运动的发展和普及做出了突出贡献。1995 年，黑龙江省速滑馆建成，开辟了亚冬会速滑比赛走向室内的先河，成为当时世界上仅有的 5 座速滑馆之一。

如今，哈尔滨市将建设中国—上海合作组织冰雪示范区数字科技装备产业园、冰雪国际社区、冰雪装备物流产业园。园区整体定位为国家级冰雪体育数字科技装备产业（示范）基地，将设置冰雪运动主题公园、冰雪装备检验与检测中心、冰雪装备制造研发中心、数字化冰雪产品展示中心、国际冰雪产品集散贸易中心、冰雪产业金融中心。其中，冰雪运动主题公园规划约 2 万平方米，由冬季越野赛道、冰雪嘉年华乐园、冰雪运动体验部落等构成，既可以作为园区娱乐休闲区域，又可以承载部分冰雪竞技比赛。

冰雪旅游经济

哈尔滨市冰雪旅游在中东铁路修建、开通后已经开始。1914 年，哈尔滨市开通了赴二层甸子（今玉泉）的观光列车，解决了玉泉滑雪场滑雪人群的交通需求。

新中国成立后，1953 年首届全国冰上运动会在哈尔滨市举行，哈尔滨市的冰雪魅力第一次全面地展现在全国人民面前。从 1963 年开始的冰灯游园会，让闲置的冬季公园焕发了潜能，寒冷的天气抵挡不住看冰灯人群的热情。“猫冬”的人们走出家门，冬天的公园改变了“半年闲”的局面。这是城市夜游经济的最早探索。

改革开放伊始，哈尔滨市委、市政府就注意到了以冰灯游园会为基础的冰雪旅游所蕴藏的巨大能量。1979 年，哈尔滨市恢复举办冰灯游园会。1985 年，哈尔滨市创办了冰雪节，这是我国第一个以冰雪为内容的区

▲ 首届全国冰上运动会

域性节庆活动。从那时开始，玉泉狩猎场、雪雕博览会、中央大街冰雪艺术一条街等新的旅游景点陆续开辟出来，冰上婚礼、国际冰雕比赛、国际雪雕比赛、中俄冬泳联谊赛、冰雪节狂欢游等新的活动项目相继推出。冰雪旅游的文化内涵越来越丰富。从1988年起，哈尔滨冰雪文化的“展区”不再局限于本地。1988年1月，哈尔滨在北京北海公园举办冰灯展，2月在加拿大展出。从此，冰雪艺术不再只是哈尔滨人独有的珍宝，而是开始作为城市礼物和文化商品输出到全国和世界各地。

▲ 首届哈尔滨冰雪节开幕式

1989年，哈尔滨举办了第一届雪雕游园会。1992年，哈尔滨冰雪节被列为国家级推广活动，成为中国旅游年35个王牌之一。1996年，哈尔滨成功举办第三届亚洲冬季运动会，这次盛会对哈尔滨基础设施建设和冰雪旅游发展产生了积极影响。1999年，哈尔滨推出冰雪大世界，这让世界看到了哈尔滨、看到了哈尔滨的冰雪。正是在这一年，哈尔滨成为首批中国优秀旅游城市。

▲ 首届冰雪大世界开幕式

哈尔滨的冰雪旅游产业在不断丰富供给的同时，不断创新，不断延伸产业链条，在各个环节提档升级。“马迭尔”冰棍是哈尔滨冬季旅游的标志性产品。冰雪大世界的“欧秀”表演让全世界的游客感受到这座充满欧陆风情的城市的底蕴。

◀ 马迭尔冰棍

2009年，第24届世界大学生冬季运动会在哈尔滨举行，让世界感受到了哈尔滨的独特魅力。国际大体联主席乔治·基里安表示，哈尔滨大冬会是大冬会历史上最成功的一届。

2015年，美国《赫芬顿邮报》评选2014年“全球50个历史时刻”，哈尔滨太阳岛国际雪雕艺术博览会主塑《绽放》作为唯一的世界冰雪景观位列其中。身穿熊猫服装的工作人员从哈尔滨冰雪大世界巨型滑梯上滑下的照片被美国《时代》杂志选为年度照片。冰雪，成为哈尔滨献给世界最好的礼物。

2025年，第九届亚洲冬季运动会在哈尔滨成功举办。哈尔滨为世界呈现了一届精彩纷呈的体育盛会。第九届亚洲冬季运动会的成功举办进一步带动了哈尔滨冰雪旅游的发展，让人们看到了冰雪赛事与冰雪旅游的融合发展。

迄今为止，哈尔滨已经多次荣登“中国十佳冰雪旅游城市”榜首。哈尔滨感动了中国，惊艳了世界，成为冬季旅游的“顶流”。

哈尔滨的冰雪旅游在不断发展，哈尔滨的冰雪文化必将释放更加耀眼的光芒！

▼ 第二十六届哈尔滨冰雪大世界

附录

附录一　哈尔滨冰雪文化大事记

1903　1903 年辟建的霍尔瓦特官邸将今尚志公园（原香坊公园）一带开辟成庄园的一部分，在里面设置了气象站、游艺室、菜园、球场、滑冰场等。

1905　中东铁路局在今阿城区玉泉镇北山修建了一处滑雪场。滑雪的多为俄国员工和侨民。这是中国目前已知最早的现代滑雪场。

1907　6 月 28 日，哈尔滨自行车运动协会在埠头区炮队街、药铺街、哥萨克街和商市街中间（原达尼洛夫剧场处）修建环形自行车赛车场，开始举办自行车比赛。是年冬季，浇筑滑冰场，举办滑冰运动会。

1909　7月，哈尔滨网球和速滑协会成立。是年，举办滑冰比赛。

1911　俄侨民会在建民街修建了一座“札牙斯”体育场，夏有网球，冬有溜冰，兼做大型比赛场地，夜晚有灯光照明设备。俄侨民会会员免费，非俄侨民会会员可购票入场滑冰。

1922　1 月 19 日，哈尔滨俄侨东正教教徒首次在松花江道里江段举行“洗礼祭”。洗礼祭上的冰十字架，为哈尔滨最早明确记载、具有摄影形象的冰雕作品。

1929 哈尔滨成立了日新冰球队，队员中既有俄国人、波兰人、法国人，又有中国人。从 1936 年至 1941 年，哈尔滨队先后获得 5 次冠军。

1932 俄侨在松花江畔铁路江上俱乐部搭建冰滑梯（冰橇台），开展冰橇活动。

1934 2 月 13 日，《大北新报画刊》登载了哈尔滨工业大学学生开展滑冰和冰球活动的情况。

1935 1 月 25 日，华北冰上运动会在北平开幕。男女运动员共 89 人，分别来自北平、河北和东北的吉林、辽宁、黑龙江、热河等地。东北名将朱士烈、刘守义与北平健将夏孙云、孙元泰、孙苓、孙芩等均在场表演。在冰球比赛中，北平队以七比零的分数大胜哈尔滨队，但不敌实力更强的河北队。华北冰上运动会是中国第一次综合性冰上运动会，极大地推动了中国冰上运动的发展，是中国冰上运动的一个重要里程碑。

是年，哈尔滨选派运动员参加滑冰大会，郑亚兰获得女子 500 米第一名，董跃廷获得男子 5000 米第一名。

1937 铁路沿线各站点冬季修建天然冰场达 200 余处。据《黑龙江省志·体育志》记载，至 1938 年冬，哈尔滨和京滨、滨州、滨绥、拉滨、北黑各站附近建有滑冰场 27 处，玉泉镇及玉泉与帽儿山之间设立滑雪场 4 处。

是年，哈尔滨举办“全市滑冰选手权大会”。

1940 玉泉镇举办小学生高山滑雪比赛。

1946 火车头体育俱乐部、秋林公司俱乐部和红星体育俱乐部三个俱乐部的冰球队，经常在道里商务俱乐部、道里体育场、南岗体育场等处的冰球场活动。

1948　哈尔滨团市委在市青年居鲁布滑冰场举行全市滑冰比赛大会，参加比赛的是学生和部分职工。

1949　哈尔滨再次举行全市滑冰比赛大会，主要项目为速滑。

哈尔滨一中学生杨奎武、邓君海，六中学生孙树隆，七中学生王志恒，制革制鞋厂医务员卢春霖，毛织厂医务员邹绍衍，秋林公司职员修福喜、修福禄等人，自发组织“雪冰”冰球队。

1951　元旦，哈尔滨市体育分会在南岗体育场安排“雪冰”冰球队与俄侨俱乐部冰球联队进行冰球表演赛，“雪冰”冰球队获胜。

哈尔滨铁路局接管玉泉滑雪场。

1952　12月，哈尔滨市在道里红星体育场举办全市冰上运动会，选出花样滑冰男队员陶德魁、伊本德、韩辉、范会庆，女队员李建华、金声琴、王樱、白惠敏。孙显墀创造了中国第一个男子1500米速滑的全国纪录。选拔出哈尔滨市冰球、速度滑冰和花样滑冰三个项目的市代表队。

原松江省和黑龙江省分别举行首届冰上运动大会。

1953　1月30日—2月3日，首届东北冰上运动大会在哈尔滨市举行。黑龙江地区3支速滑队（包括合省前的松江省、黑龙江省、哈尔滨市速滑队）获得速度滑冰10个单项和男女接力2个集体项目的第一名，并创造了东北区速度滑冰新纪录。在花样滑冰比赛中，哈尔滨男队包揽2至5名，哈尔滨女队包揽女子组前四名（李建华获得第二名）。

2月15日—19日，哈尔滨市举办了首届全国冰上运动会。国家体委把14项最高成绩作为速度滑冰全国最高纪录。其中一项为哈尔滨市运动员林振坤所创造。花样滑冰比赛的5名裁判员中有4名是哈尔滨人，裁判长由哈尔滨工业大学体育教授蒋桐森担任。

是年，哈尔滨车辆厂组建我国第一支工人业余冰球队。

1954 2月，吉林省、黑龙江省、松江省和哈尔滨市在哈尔滨联合举行“吉、黑、松、哈冰上运动会”。哈尔滨市运动员杨云姿、苏君智、柳玉惠、林振坤等8人打破7项全国纪录。

8月，哈尔滨市组建市冰上运动训练班，设速度滑冰、花样滑冰、冰球三个队。

9月15日，国家体委把东北体育学院竞技指导科花样队队员田继陈调入哈尔滨市冰上运动训练班花样队。

是年，驻训东北队的孙显墀被选派赴苏联学习，他是唯一被选派学习冰雪运动的留学人员。

是年，尚志县（今尚志市）朝鲜族中学体育教师李得龙在哈尔滨参加全省滑冰比赛期间，在道里体育用品厂购得苏联侨民遗留的60副“白熊牌”滑雪板，回校后20名学生在玉泉滑雪场训练一个月，聘请朝鲜族崔勇和黄太锡为教练。

是年，哈尔滨市有职工冰球队20多个、学校冰球队100多个。

1955 1月20日，道外北七道街江畔的青年冰橇场投入使用，活动开幕。

2月1日—6日，第二届全国冰上运动会在哈尔滨举行。哈尔滨市运动员郑弘道获得男子全能第一名，许明淑获得女子全能第一名。许明淑、康玉顺、金福顺、柳明淑、李福莲、金基淑6人获得女子5个项目的全部30个奖励名次，并获得女子接力项目金牌。

5月5日，哈尔滨市冰上运动业余体育学校正式成立，招收青少年进行冰上业余训练。学校设速度滑冰班、花样滑冰班、冰球班。学校不收费用，服装、冰刀、鞋由学员自备。在第一期学员中，靖惠、杨家声、李耀明、孙柏秋、贾秀生、沈萍、陈秀娟等人，先后成为哈尔滨市花样滑冰骨干。

8月，国家体委、教育部、卫生部联合发出全国推行“劳卫制”的通知，黑龙江省将速度滑冰列为冬季体育课程，并列为重点达标项目。哈尔滨市浇筑冰场197处，共建立618个冰上运动队，运动员达9176人。

11月15日，哈尔滨市冰上运动训练班吸收市冰上运动业余体校花样滑冰班3名男女学员入队。至此，共有男女队员12人。

是年，黑龙江省体委在玉泉滑雪场建设了300多平方米的运动员休息室（石头房子），并由栾公赉主持举办了第一次滑雪教练员训练班，主讲人为张伟国，黑龙江各地区16人参加学习。滑雪活动在哈尔滨、佳木斯、牡丹江、伊春、双鸭山、阿城、尚志、五常、富锦等市、县逐步开展起来。

是年，哈尔滨市组建业余滑雪队。

是年，松江五金厂生产冰刀，4500副冰刀一售而空。

1956

1月，哈尔滨运动员郑弘道、林振坤、许明淑等在长春举办的第三届全国冰上运动会上，打破全国及本省纪录。杨家声、李耀明获得男子乙组冠、亚军；孙柏秋获得女子乙组冠军。这是哈尔滨冰上运动业余体校建校后获得的最早的冠军和亚军。

2月，国家体委召开全国体工会议，拟在全国建立10所中等体育学校。参加会议的王昭文提出在黑龙江创办一所体育学校，国家体委同意在哈尔滨创办“哈尔滨体育学校”，学制为三年。3月22日，成立筹备组，9月25日开学。苏炳文任校长，刘斌任第一副校长，王荫为教学副校长。学校设九个教学组。

5月，哈尔滨市业余体校招收第二批花样滑冰学员。

是年，滑冰被列为业余体校重点班课程。

是年，哈尔滨业余滑雪队参加在吉林省通化市举行的滑雪邀请赛。

1957 2月，中国首次派国家速滑代表队出国参加世界比赛。男、女队教练分别由哈尔滨市速滑队何刚、李昌燮担任。7名运动员分别是郑宏道、孙显墀、任世俊、林振坤、许明淑、卢成玉、孙洪霞。

是年，哈尔滨市举行全市职工冰上运动会，146名速滑及花样滑冰运动员参加了比赛。

是年，哈尔滨体育用品厂成为生产冰刀的骨干企业。

是年，哈尔滨金属制品厂生产简易冰刀。

1958 1月，哈尔滨市举行全国20城市职工冰上竞赛大会。大会最高成绩均为哈尔滨运动员许明淑、金福顺、郑弘道、张绍君和齐齐哈尔运动员朴大华所创造。

同月，在吉林市举行的全国学生冰上运动会上，高玉玲、罗致焕、王金玉创造了全国新纪录。

2月2日，黑龙江省首届滑雪比赛在阿城县（今阿城区）玉泉滑雪场举行，哈尔滨队参赛。

2月11日—13日，全国滑雪运动会在吉林省通化市举行。哈尔滨队参赛。

2月，中国再次组队参加世界男、女速滑锦标赛。男队员有杨菊成、任世俊、孙显墀、李太权；女队员有杨云香、李彩英、刘凤荣、卢成玉。男队教练为哈尔滨市冰上运动训练班副主任王廷斌，女队教练为齐齐哈尔市速滑队教练傅锡珠。

同月，全国冰球竞标赛在吉林市举行。哈尔滨市业余冰上体校冰球班获得少年组冠军。

9月14日，哈尔滨体育学院举行建院暨新生开学典礼。本科分设体育系和运动系，学制为四年。运动系招收速度滑冰、花样滑冰、冰球、篮球和田径五个专业的学生。

11月，哈尔滨体育学院经国家体委批准作为单独单位参加全国比赛。哈尔滨体育学院组建20个运动队，花样滑冰队是其中之一，队员有侯成明、任家伦、李建夫等。

是年，赴苏联学成归国的孙显墀到哈尔滨体育学院任教。

是年，尚志朝鲜族中学体育教师在尚志县（今尚志市）各中学挑选学生组建业余滑雪队。

是年，道外红星木器厂与滑雪教练李得龙、朴东奎共同研制成功“探险者”牌胶合式高山滑雪板。

1959 1月，全国速度滑冰通讯赛举行。哈尔滨市团体总分夺魁，杨菊成、孙洪霞获得个人全能冠军。

2月10日—19日，中华人民共和国成立后的第一届全国冬季运动会在哈尔滨市人民体育场举行。

2月14日，中国男队参加在挪威奥斯陆举行的第五十三届世界男子速度滑冰锦标赛。杨菊成在500米比赛中获得第二名。

是年，花样滑冰运动员王樱调入哈尔滨体育学院，担任花样滑冰队教练兼运动员。

是年，哈尔滨市开展“60万人冰上活动月”活动，并召开全市冬季体育锻炼誓师大会。

是年，中共黑龙江省委、省政府根据贺龙关于把冰雪运动作为重点的指示精神，决定采取“全省集中优势兵力”的措施，成立省速滑队。

是年，尚志县（今尚志市）组织森林经营所等单位的民兵进行滑雪训练。

是年，五常组织35名老猎人培养近百名青少年，组织他们练习滑雪，自制滑雪板126副，他们既是狩猎队，又是滑雪队。

是年，哈尔滨体育学院组建业余滑雪队。

1960　1月，全国少年速滑通讯赛举行。哈尔滨苏洪滨获得少年男甲组全能冠军。

2月7日—12日，全国滑雪运动会在吉林省通化市举行。哈尔滨队参赛，取得了1项第二。

6月，在万思元的主持下，黑龙江省速滑队正式成立。领队由哈尔滨体育学院郑治萍兼任。哈尔滨体育学院孙显墀、哈尔滨市速滑队教练李昌夔担任教练。哈尔滨市选送杨菊成、孙洪霞、杨云香、王金玉入队。

是年，哈尔滨各区开办11所业余体校，各级学校中有639支速滑队。

1961　在世界女子速滑锦标赛中，刘凤荣获得全能第四名。

1962　2月17日—18日，在第五十六届世界男子速滑锦标赛上，来自哈尔滨的王金玉获得全能第五名。

是年，哈尔滨市开始举行小学生冰球比赛。

1963　2月7日—12日，哈尔滨第一届冰灯游园会在兆麟公园举办，进园人数达25万。这是中国历史上第一次有组织的大规模的冰灯游园活动，也是中国寒地城市首次开展的有组织的夜游活动。此次冰灯游园会上诞生了第一件由艺术院校学生吴乃光等按照写实主义创作的雪塑作品《万象更新》。

2月20日—24日，在第二十一届世界女子速滑锦标赛上，王淑媛获得1000米第二名；在第五十七届世界男子速滑锦标赛上，王金玉获得全能第五名，罗致焕获得1500米冠军。

是年，阿城县（今阿城区）在玉泉创办业余体校，设立少年滑雪班。

1964　1月15日，第二届冰灯游园会开幕，首次全部采用电灯光源，首次采用松花江天然冰制作冰灯，首次用天然冰建屋盖楼和用冰雕镂出人像和动物，出现了第一座 8 米高的冰塔、第一座 12 米长的冰桥，以及第一件 4 米高的室外大型冰雕——工农兵人物群像，还出现了第一个用脚手架搭建、喷水冻结的 20 米高的复合冰景——珠穆朗玛峰。人们还雕出了小姊妹、金马驹等冰雕，塑出了老寿星、小孩骑象等雪塑。

7 月，舞蹈演员廖志迈任哈尔滨市花滑队舞蹈教练。

是年，阿城县（今阿城区）成立少年滑雪体校。

是年，尚志县（今尚志市）和阿城县（今阿城区）运动员参加黑龙江省少年业余滑雪队。

是年，尚志乌吉密滑雪场开始修建。

是年，尚志业余体校创办滑雪班。

1965 是年，哈尔滨市评选出 11 所冰球基点校。基点校之间经常组织比赛。

1966 1 月 18 日，日本速滑队来到黑龙江省进行访问，与黑龙江省速滑队进行友谊比赛。

2 月 14 日，波兰国家冰球队一行 23 人来到黑龙江省进行访问，与中国国家队、哈尔滨市冰球队、黑龙江省冰球队进行比赛。

2 月，在尚志县（今尚志市）乌吉密滑雪场举行全省滑雪锦标赛，尚志、阿城参赛，解放军进行了越野滑雪表演。

1970 6 月 25 日，哈尔滨市冰上运动训练班改名为哈尔滨市体育工作队，重建花样滑冰队。

8 月 15 日，哈尔滨体育学院合并到哈尔滨师范学院（今哈尔滨师范大学）。

1972　7月，黑龙江省冰上运动训练班恢复，并迁回原址——南岗区十字街4号。

是年，延寿县体校进行滑雪训练。

是年，哈尔滨市青少年业余体校改为少年儿童业余体校。

是年，哈尔滨市体校恢复，组建花样滑冰提高班。

是年，万思元到乌吉密滑雪场考察。当地群众滑雪活动广泛开展，各中小学普遍自制滑雪板。

1973　5月，黑龙江省冰上运动训练班改称为“黑龙江省体育工作二队”。

10月，文海美任哈尔滨市体育工作队花样滑冰队少年女子组教练。

12月11日—16日，加拿大哥伦比亚“雷鸟”冰球队一行32人来到黑龙江省进行访问，同哈尔滨市队、齐齐哈尔市队、黑龙江省队进行了比赛，与冰球界进行了经验交流，并对哈尔滨市少年儿童冰球队进行了现场指导。

是年，哈尔滨市文化公园建成黑龙江省第一个人工制冷露天冰球场。

是年，在松花江地区，除呼兰、双城外，其他九县均开展滑雪活动，每年在乌吉密滑雪场举行滑雪比赛。

1974　6月，松花江地区重点业余体校在阿城玉泉滑雪场设立滑雪班。

是年，哈尔滨职工冰球赛按甲、乙、丙组进行。

是年，亚布力大锅盔山东南坡的国家滑雪基地选址勘察工作完成。

1975　2月，在全国滑雪比赛中，玉泉设立的滑雪班代表松花江地区夺得成年、少年男女接力四项冠军和9个单项冠军。

3月1日—5日，全国滑雪比赛在尚志县（今尚志市）举行。尚志运动员杜淑梅获得越野滑雪冠军，运动员徐哲珠获得高山滑雪两项冠军。

9月，国家体委拨款20万元，亚布力大锅盔山东南坡的国家滑雪基地开始兴建，次年2月竣工。

是年，在长春举办的全国冰球比赛中，哈尔滨市业余体校冰球一队获得冠军。

是年，哈尔滨市体育用品厂研制木质塑料边钢刃胶合式滑雪板、铝制滑雪杖、高山滑雪专用鞋，满足第三届全国冬季运动会的需要。

1976　1月8日—13日，加拿大青年速滑队来到黑龙江省进行访问，在哈尔滨进行了一场友谊比赛，参观了哈尔滨电机厂、铅笔厂，与黑龙江省速滑队进行了技术交流。

2月18日—23日，第三届全国运动会（冰雪赛区）在尚志县（今尚志市）举行。在少年组比赛中，尚志运动员金长胜获得两项冠军，谭兰英获得一项冠军；在越野滑雪成年女子组比赛中，尚志运动员杜淑清获得两项冠军，戴忠霞获得一项冠军。

是年，在哈尔滨市举行的第三届全国冬季运动会上，哈尔滨市业余体校冰球队代表黑龙江省一队参赛，获得冠军。

是年，哈尔滨市体育用品厂生产木质简易越野滑雪板。

1977　1月，松花江地区滑雪队成立，训练基地设在哈尔滨动力区黎明公社草房内。

是年，哈尔滨师范学院成立花样滑冰队。

1978　1月25日—30日，全国滑雪比赛在吉林省通化市举行。尚志、阿城共有两个队、13名运动员进入前三名。

2月，何刚在荷兰阿姆斯特丹首次接触短跑道速滑赛，记录、整理了比赛规则。

2月—3月，国家体委冰雪处召集全国花样滑冰运动员去北京首都体育馆进行集训。哈尔滨市姚滨、王志利、任洪国、刘志英、李淑杰、陈秀静、许兆晓、丛文义、杨青参加了集训。

10月，哈尔滨市“百万青少年上冰雪”活动开始。

是年，全国业余训练工作会议在烟台召开，哈尔滨业余体校冰球教练卢春霖获得国家体委颁发的体育运动荣誉奖章。

是年，哈尔滨市业余体校冰球队代表省一队参加在佳木斯举行的全国少年冰球比赛，获得冠军。

是年，在全省重点体校1400名学员中，冰雪项目学员占45%。

是年，阿城县（今阿城区）玉泉二中、玉泉小学、小岭校等成为滑雪运动基点校。

1979

1月1日，哈尔滨市第五届冰灯游园会开幕，此后中断的冰灯游园会开始逐年举办。

是年，哈尔滨冰上训练基地人工制冷滑冰场投入使用，保证了训练时间，改进了训练技术，增加了训练强度，为我国赶超世界速滑先进水平提供了场地条件。

是年，《冰雪运动》杂志的前身《体育科技》创刊（1981年改名为《冰雪运动》）。这是我国唯一一个有关冰雪运动的学术期刊。

1980

2月13日—24日，第十三届冬季奥运会滑雪比赛在美国普莱西德湖举行。延寿运动员宁永军、尚志运动员李晓明、尚志运动员韩金索等参赛。

2月，王丽生、铁恩厚、杨世昌组成代表队首次赴加拿大魁北克参加国际雪雕比赛，作品《哪吒闹海》获得第二名。这是中国现代雪雕艺术作品首次在美洲亮相。

5月，黑龙江省体委决定在亚布力张广才岭的大锅盔山、二锅盔山、三锅盔山东北坡建设新的雪道。

7月，黑龙江省政府正式兴建亚布力青云滑雪场。

12月，国家体委下发国务院批转的《国家体委关于加强冰雪体育运动项目的请示报告》，确定哈尔滨等地区为开展冰雪运动的重点地区。

是年，由王德作词、刘锡津作曲的《我爱你，塞北的雪》唱响大江南北。

1981 2月24日—3月4日，第十届世界大学生冬季运动会在西班牙哈卡举行。阿城运动员黄万龙、尚志运动员傅金梅参赛。

2月25日—3月6日，全国滑雪比赛在尚志举行。尚志运动员金长胜获得一项冠军，李晓明、戴忠霞分别获得两项冠军；阿城运动员武彦龙、延寿运动员吴明淑分别获得一项冠军；延寿队获得一项接力冠军。

9月，国家体委邀请日本短道速滑代表团来中国表演及讲学，日本短道速滑代表团在哈尔滨、长春举办讲学班，讲解竞赛规则、裁判法、场地划法及滑跑理论。

1982 1月1日—2日，哈尔滨市首届群众冰雕比赛在兆麟公园举行。

1月，全国速度滑冰达标赛在张家口举行。哈尔滨孙伟民获得青年男子组全能第一名。

2月，杨世昌、曲维葆、黄兆源、王丽生组成代表团赴日本札幌参加第九届国际雪雕比赛。作品《飞天》获得B组冠军。

10月，露天人工制冷冰球场投入使用。

11月，青云滑雪场正式改名为亚布力滑雪场。

是年，哈尔滨汽车齿轮厂生产的两种型号的冰刀投放到市场。

是年，哈尔滨市文化公园人工制冷露天冰球场加盖建成黑龙江省第一座人工制冷室内滑冰馆。

1983　1月1日，第九届冰灯游园会开幕，首次在儿童公园设置分会场。

1月10日，东北轻合金加工厂“东轻冰景”开幕，这是哈尔滨市第一个企业举办的冰灯游园会。

2月，第一届全国短道速滑比赛在牡丹江北山体育场举行。哈尔滨队获得女子接力冠军。

2月，杨世昌、曲维葆、黄兆源、王丽生组成代表团赴日本札幌参加第十届国际雪雕比赛。作品《牧歌》获得A组冠军。

12月3日，哈尔滨市冬泳协会成立。

是年，哈尔滨市成立12支少年儿童冰球队，平均年龄11.5岁。

1984　1月，哈尔滨市首届少年儿童冰雕比赛在兆麟公园举办。

是年，哈尔滨市第一重点业余体育学校增办花样滑冰幼儿班。

是年，哈尔滨市女子冰球队成立。

是年，国家南极考察委员会在亚布力设训练基地，进行南极科考的适应性训练。

1985　1月5日，中国第一个以冰雪为内容的地方节庆活动——“首届哈尔滨冰雪节”在兆麟公园开幕。

1月20日，首届冰上集体结婚典礼在兆麟公园的冰灯游园会上举行。

1月27日—28日，首届北国冬泳比赛举行。

2月，哈尔滨花样滑冰运动员张述滨在第12届世界大学生冬季运动会上获得男子单人滑冠军。他是中国第一位大冬会花样滑冰冠军。

2月，哈尔滨市业余体校冰球队在大庆举行的全国少年冰球赛上获得冠军。

3月14日—17日，第三届全国短跑道速滑比赛在哈尔滨冰上训练基地举行。哈尔滨市获得女子团体冠军，哈尔滨市李岩石、杨可心分获男、女个人总分冠军，哈尔滨队获男、女接力冠军。

11月，哈尔滨冰球场加盖工程竣工。

是年，哈尔滨冰雪节组织委员会办公室成立。

是年，哈尔滨市速滑队到西德进行训练。

是年，哈尔滨市业余体校冰球班向全国含国家队在内的各运动队输送学员200余人。

是年，亚布力滑雪场索道工程完工，滑雪队训练期得以延长。亚布力滑雪场是当时中国唯一符合国际滑雪联盟规定要求的高山滑雪场。

1986　1月，杨世昌、王松引、铁恩厚、唐洪民赴瑞士参加雪雕比赛，作品《白雪少女》获得一等奖。

3月，在第一届亚洲冬季运动会上，王秀丽获得速度滑冰女子1000米金牌，刘陆阳、赵晓雷获得花样滑冰冰舞比赛金牌。

1987　1月6日—8日，第一届哈尔滨国际冰雕比赛在兆麟公园举行。

1月6日，玉泉滑雪场附近的玉泉狩猎场举行开业典礼。

1月20日，哈尔滨冰灯办公室为北京延庆无偿设计制作的龙庆峡冰灯展览开幕。

6月，哈尔滨滑雪队成立。

1988　1月，哈尔滨冰灯首次作为文化商品对外输出，在北京市北海公园展出。

2月，哈尔滨冰灯在加拿大埃德蒙顿展出，这是哈尔滨冰灯首次走出国门。

1989 1月6日，哈尔滨冰雪电影艺术节开幕。

1月10日—12日，哈尔滨冰雪节首届雪雕比赛在太阳岛举行（后来定名为哈尔滨市第一届群众雪雕比赛）。

10月，黑龙江省花样滑冰训练馆建成。

1990 2月11日，速滑运动员王秀丽在加拿大卡尔加里举行的世界女子速滑锦标赛中获得1500米冠军。

是年，孙海伟、吴乃光、李向平、王建华组成中国雪雕代表队赴法国瓦卢瓦尔参加国际雪雕比赛。作品《来自东方的祝福》获得第三名。

1991 1月5日，“哈尔滨－香港”中华冬泳冰城联谊赛举行。

2月2日，第七届全国冬季运动会在黑龙江省冰球馆隆重开幕。

2月下旬，孙海伟、吕宾、徐歌今组队参加芬兰萨翁林纳举办的国际雪雕比赛。作品《熊猫游戏》获得第三名和观众评选的最佳奖。中国驻芬兰大使馆为参赛队设宴祝贺。

1992 1月5日，国家旅游局和黑龙江省政府主办的中国友好观光年冰雪风光游首游式在兆麟公园举行。

1月4日—11日，中央大街灯光夜市开市。

1月5日，第八届哈尔滨冰雪节开幕。

1月6日，哈尔滨首次举行冰雪节狂欢游行。

2月，哈尔滨国际冰雪旅游开发中心应美国纽约市政府冬节组委会邀请前往纽约中央公园进行冰雕创作。

1993　12月2日，哈尔滨申办第三届亚洲冬季运动会成功。

1994　1月3日，中央电视台、哈尔滨电视台联合录制的《中国哈尔滨冰雪节晚会》在哈尔滨冰球馆开机。此晚会由中央电视台向国内外播出。

1月3日—6日，首届全国雪雕比赛举行。

1月8日—9日，全国冬泳邀请赛举行。

3月26日，由哈尔滨国际冰雪旅游开发中心设计制作的哈尔滨冰灯艺术展在印度尼西亚首府、东南亚最大城市雅加达开幕。

11月12日，哈尔滨冰灯大展在台北基河中心开幕。

1995　1月13日，全国冰雪摄影艺术作品展在黑龙江省美术馆开幕。

3月，中国体育史上第一届冰壶讲习班在哈尔滨冰上基地开班，来自北京、沈阳、吉林和黑龙江的学员自费参加学习。

1996　1月10日—13日，首届哈尔滨国际雪雕比赛举行。

2月4日—11日，哈尔滨成功承办了第三届亚洲冬季运动会。

是年，“冰雪哈尔滨”成为国家旅游局确定命名的35个胜景之一。

1997　1月1日，哈尔滨与自贡联合举办彩灯游园会。

1月1日—11日，首届中国哈尔滨雪地足球赛在哈尔滨防洪纪念塔下江心沙滩举行。

1月5日，第十三届冰雪季暨’97中国旅游年冰雪风光首游式在哈尔滨冰球馆举行，这是第一次在室内举行冰雪节开幕式。在开幕式后，大型文艺晚会“雪韵、冰情、世纪风”上演，是第一个冰雪节专题性晚会。

5月，哈尔滨冰灯艺术展在美国洛杉矶举办。

12月26日，中央大街首次建成冰灯艺术一条街。

12月27日，哈尔滨马家沟冰雪风景线向市民开放。

12月下旬，哈尔滨冰灯艺术家在日本长野县白桦湖景区制作多件冰雕作品。

是年，哈尔滨在加拿大首都渥太华举办的以“通往中国之路”为主题的第十九届冬乐节期间举办哈尔滨冰灯艺术展。

1998 1月3日，在儿童公园建造的唯一一次儿童冰雪大世界开园迎客。

1月，’98哈尔滨国际北方城市会议在哈尔滨市举行。

12月5日，首届中国黑龙江国际滑雪节在亚布力风车山庄举行开幕式。

12月29日，第十一届雪雕游园会首开夜游模式。

1999 1月6日，冰雪节焰火晚会在江边举行。

2月，哈尔滨选手申雪、赵宏博在加拿大举办的1999年四大洲花样滑冰锦标赛上获得双人滑比赛冠军。

6月18日，首届哈尔滨夏季冰灯艺术精品展在兆麟公园举行。

12月1日，龙珠二龙山滑雪场接待游人。

12月28日，松花江冰雪大世界（后称首届哈尔滨冰雪大世界）开园，形象大使“白雪公主”与游人见面。

12月31日，哈尔滨千年庆典神州世纪游首游式暨第十六届哈尔滨冰雪节在冰雪大世界隆重拉开帷幕。

是年，哈尔滨被评为首批54个中国优秀旅游城市之一。

是年，哈尔滨市体育运动学校开设体育冰壶专业，组建冰壶队。中国第一代冰壶名将王冰玉、柳荫、岳清爽、周妍、刘锐、徐晓明等都是冰壶队的队员。

2000 1月1日，黑龙江省、哈尔滨市主要领导和国家旅游局领导敲响冰雪大世界的世纪钟，迎接新世纪的到来。

1月15日，申雪、赵宏博在法国里昂举行的世界花样滑冰大奖赛中荣获双人滑冠军。

1月26日—29日，首届黑龙江省雪雕比赛举行。

4月29日，哈尔滨市委、市政府召开第十七届中国哈尔滨国际冰雪节暨建设世界冰雪旅游名城动员大会。自第十七届起，哈尔滨冰雪节升格为哈尔滨国际冰雪节。

6月，哈尔滨举办了第一届全国冰壶锦标赛。

10月，旅游促销团首次赴上海、香港、广州推广和宣传冰雪旅游，命名为“白雪公主”促销团。

12月，哈尔滨市委、市政府将“把哈尔滨建成世界冰雪旅游名城”作为城市未来发展的三大战略目标之一。

2001　1月，哈尔滨举办国际冰壶邀请赛。

3月1日，张丹、张昊在世界青年花样滑冰锦标赛中获得双人滑冠军，这也是中国花样滑冰选手第一次在世界青年锦标赛中获得冠军，使得中国花样滑冰运动再一次实现历史性突破。

6月24日，哈尔滨冰雪艺术馆正式对外开放。

12月6日—7日，国际滑雪产业合作论坛在哈尔滨召开。

是年，冰雪节与黑龙江国际滑雪节合并，正式更名为“中国哈尔滨国际冰雪节”。

是年，哈尔滨市体育运动学校成立了国家第一支专业冰壶运动队。

2002　1月4日—8日，40国外宾参加冰雪节活动。

2月3日—5日，2002中国松花江冰雪汽车挑战赛举行。

2月10日，黑龙江省政府正式以哈尔滨市名义向国际奥委会提出申办2010年冬季奥运会。

12月14日—15日，国际滑联速度滑冰世界杯赛第二站比赛在黑龙江省冬季项目管理中心速滑馆举行。

2003 1月，全国第十届冬运会首次将冰壶项目列为正式比赛项目。哈尔滨男队、女队各获得1枚金牌。

12月20日，第三十届哈尔滨冰灯游园会开园。

2004 1月4日—8日，130多位外宾参加“2004哈尔滨国际冰雪之约”活动。

2月14日—15日，自由式滑雪空中技巧国际雪联世界杯赛第九站、第十站的比赛在龙珠二龙山滑雪场举行。

2月，全国冰壶冠军赛在沈阳开赛。哈尔滨市体育运动学校获得男子冰壶比赛金牌，哈尔滨市队获得女子冰壶比赛金牌。

5月，黑龙江省政府以哈尔滨市名义向国际大学生体育联合会提交申办2009年第24届大学生冬季运动会的报告。

是年，哈尔滨冰雪大世界被文化部授予“文化产业示范基地”称号，成为文化部在全国首批授予的42家“文化产业示范基地”之一。

2005 1月7日，作为第21届哈尔滨国际冰雪节重头戏，“2005哈尔滨国际冰雪之约”活动在哈尔滨市二龙山滑雪场拉开帷幕。

1月10日，在国际大体联执委会上，国际大体联主席乔治·基里安宣布，2009年世界大学生冬季运动会在中国哈尔滨举办。

7月27日，2009年世界大学生冬季运动会筹备委员会在哈尔滨成立，这标志着世界大学生冬季运动会的各项筹备工作正式启动。

2006 2月14日，张丹、张昊参加2006年意大利都灵冬奥会双人花样滑冰比赛，获得银牌。

12月23日，第八届哈尔滨冰雪大世界开园。

2007　1月19日，在第23届世界大学生冬季运动会上，张丹、张昊以181.87分的总成绩获得金牌，为中国代表团赢得首枚金牌。

2月3日，申雪、赵宏博参加第六届亚冬会，获得双人滑冠军。

是年，哈尔滨冰雪大世界荣获世界华商组织联盟设立的“文化艺术特殊贡献奖”。

2009　1月5日，冰雪大世界首次成为哈尔滨市冰雪节开幕式会场。

2月18日—28日，第24届世界大学生冬季运动会在哈尔滨市举行。第24届世界大学生冬季运动会是中国继2001年北京世界大学生夏季运动会后第二次举办的世界大学生运动会，也是中国首次举办的世界级冬季综合性运动会。

2月22日，张丹、张昊以总成绩195.32分获得大冬会三连冠。

3月29日，世界女子冰壶锦标赛在韩国江陵举行，由哈尔滨籍王冰玉任队长的中国女子冰壶队获得金牌。

9月，在全国花样滑冰锦标赛双人滑比赛中，隋文静和韩聪以黑马姿态获得了全国冠军。

12月4日，在国际滑联花样滑冰青年组大奖赛中，隋文静、韩聪四战全胜，荣获青年组大奖赛总决赛冠军。

2010　2月15日，申雪、赵宏博参加温哥华冬奥会，以216.57分的总成绩获得冠军。

2月24日，由张会、王濛、周洋、孙琳琳组成的中国队获得加拿大温哥华冬奥会短道速滑女子3000米接力冠军，并打破了世界纪录。

在温哥华冬奥会上，首次参赛的中国女子冰壶队就获得了铜牌。

2011 12月29日至2012年1月3日，哈尔滨冰雪大世界举办首届国际组合冰冰雕比赛。

2013 11月，哈尔滨冰雪大世界股份有限公司成立，以“打造世界顶级冰雪旅游品牌”为目标，致力于冰雪景观展示、冰雪资源开发、旅游基础设施建设、旅游景区管理。

2014 2月13日，张虹夺得索契冬奥会速度滑冰女子1000米比赛冠军，拿下中国速度滑冰冬奥历史首金。

3月10日，任子威与陈光、徐富、隋鑫组成的中国队夺得世界青年短道速滑锦标赛男子3000米接力冠军。

2016 在世界青年短道速滑锦标赛超级1500米决赛中，任子威以90分的全能积分成为中国队第一位世界青年短道速滑锦标赛男子全能冠军。

《冰雪景观建筑技术标准》发布。

2017 3月30日，在芬兰赫尔辛基举行的2017花样滑冰世锦赛上，隋文静和韩聪以232.06分的总成绩首次夺得世界冠军，成为中国第三对双人滑世界冠军。

12月，张可欣在国际雪联自由式滑雪U型场地世界杯河北崇礼站赢得女子组冠军。

2018 12月23日，中国冰雪旅游盛典在长春举行。根据《中国冰雪旅游发展报告（2018）》，哈尔滨市荣获“2018年十佳冰雪旅游城市”称号。

2019 1月6日，“2019哈尔滨国际冰雪之约·市长会议”举行。来自中国、日本、丹麦等15个国家23个城市的代表参会并发表演讲，300 余位中外嘉宾出席会议。参会城市代表共同签署《哈尔滨倡议》，表达合作愿望。

1 月 21 日，由哈尔滨太阳岛国际雪雕艺术博览会组委会、哈尔滨市人民政府外事侨务办公室联合主办的太阳岛首届国际艺术精英雪雕邀请赛在太阳岛雪博会园区开幕，大赛共邀请了 9 支中外顶级雪雕团队。俄罗斯莫斯科队作品《智慧》、清华大学队作品《自由的三只猫》、中央美院队作品《融》获得最佳创意奖；大连代表队作品《雨人》、哈尔滨代表队作品《自然和谐》、黑龙江省当代艺术研究院队作品《功夫》获得艺术表现奖；俄罗斯哈巴罗夫斯克队作品《俄罗斯民族风》、于志学美术馆队作品《塞外曲》、鲁迅美术学院队作品《打马球》获得最佳技巧奖。

2 月 24 日，在 2018—2019 国际雪联单板滑雪平行项目世界杯张家口站，宫乃莹获得金牌。

9 月，在新西兰卡卓纳举行的国际雪联自由式滑雪 U 型场地世界杯比赛中，张可欣在女子预赛中以第四名晋级决赛。在决赛中，张可欣凭借第二轮连续两个倒滑 900 度转体的高难动作拿到 91 分，获得冠军。

10 月 15 日—20 日，2019 年国际冰盘联合会首届中国冰盘国际公开赛在哈尔滨市平房区新华小学冰球馆进行。来自 10 个国家的 19 支队伍参加了比赛。

11 月 10 日，在短道速滑世界杯加拿大站男女混合 2000 米接力决赛中，任子威与韩天宇、曲春雨、张雨婷组成的中国队夺得冠军。

12 月，首届哈尔滨采冰节隆重开幕。

2020　2 月，在加拿大卡尔加里举行的自由式滑雪 U 型场地北美杯比赛中，张可欣获得冠军。

2021　1 月 5 日，由中国旅游研究院、哈尔滨市人民政府主办的

2021中国冰雪旅游发展线上论坛举办，哈尔滨市荣登“中国冰雪旅游十佳城市”榜首；大雪时节采头冰、冰灯游园会、元宵围火滚冰入围“十大冰雪经典”项目，哈尔滨极地公园北极熊酒店入围“十大冰雪时尚”项目；尚志市进入“2021年冰雪旅游十强县（区）”榜单。

2022　1月5日，在中国旅游研究院发布的《中国冰雪旅游发展报告（2022）》中，哈尔滨冰雪大世界位于“2022年热门冰雪旅游景区（度假区）”榜首。

1月15日，哈尔滨成功举办2022年速度滑冰马拉松邀请赛。2021—2022年度全国冬季铁人三项赛（哈尔滨）在太阳岛风景区鸣枪开赛。

2月5日，任子威、曲春雨、范可新、武大靖和张雨婷组成的中国队夺得北京冬奥会短道速滑男女2000米混合接力冠军，为中国体育代表团收获了该届冬奥会的首枚金牌。

2月19日，在北京冬奥会花样滑冰双人滑自由滑比赛中，中国组合隋文静、韩聪获得金牌。

5月31日，哈尔滨市人民政府印发《哈尔滨冰雪文化之都（冰雪经济）发展规划（2022—2030年）》的通知。

6月22日，中国奥委会授予哈尔滨“奥运冠军之城”称号。

11月11日，中国奥委会授予哈尔滨市“奥运冠军之城”奖杯颁授仪式在哈尔滨市举行。

2023　2月4日，由国家体育总局冬季运动管理中心、中国滑冰协会、黑龙江省体育局、哈尔滨市体育局、松北区人民政府主办，哈尔滨市滑冰协会承办的第九届全国大众冰雪季启动仪式全国主会场配套赛事活动·哈尔滨站暨“冰轮之星·滑起来”中国·哈尔滨全国大众速度滑冰马拉松，在松北区公益冰场拉开帷幕。

7月8日，哈尔滨正式获得了第九届亚洲冬季运动会的承办权。

12月7日，第四届哈尔滨采冰节举办。

12月15日前，启动“上合”组织冰雪体育示范区建设，积极申办2028年冬青奥会等重大体育赛事。

12月18日，第二十五届哈尔滨冰雪大世界开园迎客，以“龙腾冰雪　逐梦亚冬”为主题。

12月23日—25日，“2023中国·哈尔滨第七届‘广厦杯’国际大学生冰雕艺术大赛”举办。

12月30日—31日，中国冰雪童星盛典大赛举办。

2024　1月4日，2024年元旦假期哈尔滨市累计接待游客304.79万人次，实现旅游总收入59.14亿元。游客接待量与旅游总收入达到历史峰值。

3月29日，国务院发布关于《中国—上海合作组织冰雪体育示范区建设总体方案》的批复。

8月19日，2024—2025全国大众滑雪技术达标赛首站比赛在黑龙江省哈尔滨市热雪奇迹室内滑雪场举行。

12月15日，2024年度“龙江冰雪飞扬”智能滑雪大赛决赛在哈尔滨落幕。

12月21日，第二十六届哈尔滨冰雪大世界正式开园。

2023—2024年冬季，哈尔滨市共接待游客8700多万人次，同比增长300%，实现旅游收入1248亿元，同比增长500%。哈尔滨冰雪旅游爆火出圈，走进了全国甚至全球视野，被称为2024开年首个“顶流”城市。

2025　1月20日，哈尔滨2025年第九届亚洲冬季运动会火种采集仪式在哈尔滨举行，线上火炬传递活动同步启动，向全球网民发出做“亚冬会数字火炬手”的邀请。

2月1日，第二十六届哈尔滨冰雪大世界单日接待游客数量突破10万人次，创历届单日入园游客新纪录。

2月7日，哈尔滨第九届亚洲冬季运动会开幕式在哈尔滨国际会展中心隆重举行。

2月14日，哈尔滨第九届亚洲冬季运动会在哈尔滨圆满闭幕。中国体育代表团获得32枚金牌、27枚银牌、26枚铜牌，共85枚奖牌，位列本届亚冬会金牌榜和奖牌榜首位。其中，32枚金牌的数量追平了亚冬会单届赛事纪录，也创造了代表团参加亚冬会以来的历史最好战绩。作为本届亚冬会的“东道主”，哈尔滨籍运动员共获得了其中的8枚金牌、7枚银牌、7枚铜牌，共22枚奖牌，为中国体育代表团取得佳绩贡献了强大的“冰城力量”。

2月26日22时，第二十六届哈尔滨冰雪大世界正式闭园，本届冰雪大世界运营68天，累计接待游客356万人次。

3月8日，2024—2025全国滑雪定向挑战赛（黑龙江哈尔滨站）在哈尔滨市阿城区金龙山鼎双越野滑雪训练基地开幕。

附录二　哈尔滨冰雪旅游地图